ドンキはみんなが好き勝手に働いたら2兆円企業になりました

日経BP

ドン・キホーテ創業者　安田隆夫氏と
ＰＰＩＨの全ての従業員のみなさんへ

はじめに

この会社ちょっと変わってるかも……。

こんにちは。吉田直樹と申します。２０１９年より、ドン・キホーテおよびその親会社株式会社パン・パシフィック・インターナショナルホールディングス（ＰＰＩＨ）の社長をしております。お見知りおきお願いいたします。

僕がドン・キホーテ（ドンキ）に入社したときに感じた第一印象が、〝変わってる〟でした。２００７年、17年前のことです。そして、その第一印象は、結構当たっておりまして（笑）、社長になった今でも、よく感じています。

本書は、この「変わってる」と、本書のタイトルである「好き勝手」をキーワードに、ドン・キホーテのＰＢ（プライベートブランド）のリニューアルプロジェクトと、こういうオモシロイ商品とオモシロイお店を出し続けているドンキという組織についての物語です。最

後までよろしくお願いいたします。

さてさて。僕のドンキ人生で初めて与えられた仕事は、海外事業本部長兼Don Quijote（USA）社長というハワイ法人の社長でした。そこで、僕は「この会社変わってる……」といきなり大いに戸惑いました。それは、「僕が言ったこと」とか「僕が決めたこと」が、何でもすぐ会社の方針として決まってしまったことです。

仮にも社長なんだから社長が言ったら、それが会社の方針でしょ?と思われる方は、多分、まだカイシャに入る前の年代の方かもしれません。カイシャは、特にコガイシャでは、通常そんなふうになってないんですよ（泣）。

社会人になると、だいたい、はじめに慣れなければいけないのは、決裁とか稟議《りんぎ》というものです。会議で盛り上がって決まったこととかが、会社の意思決定になるために必要なプロセスが、稟議であったり決裁だったりするわけです。社内で稟議書がぐるぐるぐる回っていって、やっと決裁（＝カイシャの意思決定）になる。で、決裁が通ったときには、時間がかかっていて、これ何の話だったっけ?だったりだとか、いろいろな部署の意見で元々の話から追加とか削除が入って、修正を重ねた結果、そもそも決めていたことと違うことになっていたりとか……。

そんなこんなを受け止めて、それでも前に進む……というのが、ジャパニーズ・ビジネスマンの道なんだと教えられていたはずなんですが、当社は全然違っていたんですね。会議で盛り上がったら、その通り、すぐに意思決定されるんですね。

最初は、僕が社長という立場だから僕の判断でその場ですぐ決められるのかな?と思いながらも、一定の規模の企業で、何の手続きも経ず、社長に就任したばっかりの人間の判断で会社の方針が決まっちゃっていいのか?という戸惑いのほうが大きかったです。

例えば、入社直後に行った広告のミーティングの時です。そこで、ハワイの幹部たちと侃《かん》侃諤諤《かんがくがく》の議論をして、ある結論を出したんです。長年にわたって続いていた広告の方針を根本から変えるような話でした。会議の後、こういうことって、会社としては、どうすれば意思決定になるのかと聞いたところ、「会議で決まったことが会社としての決定です」と言われました。「本社に言わなくてもいいの?っていうか本社の了解がそもそもいるんじゃないの?」

はじめに

とツッこんでも、ドンキから出向している社員たちには「何のためですか?《シャチョー大丈夫?》」と諭される始末。コガイシャの悲哀どころか、まさに好き勝手（笑）。

入社後、だんだん当社のことがわかってきました。この好き勝手は、特に、商品軸について顕著です。当社は1兆6000億円くらいの仕入れをしていますが、基本的に稟議もありません。そもそも担当者自身に委譲された権限というのがびっくりするほど大きくて、担当者もそれをフル活用している（フル活用しなければならない、のほうが正確）ので、担当者の判断であっという間に仕入れ行為がなされるんですね。

僕も入社したばかりとはいえ、コガイシャの社長です。大きな権限（＝責任）が与えられて当たり前であり、本社にお伺い……とかしてないで、早く決めちゃいなよ!《今度のシャチョウ遅いね》と社員のみんなが思っていたということは、後々わかることになります。

ただ、入社したての僕にとっては、あまりに新鮮というか、どちらかといえば「え、大丈夫?」といった気持ちで、こんな素人のオレが決めちゃっていいのかと、ちょっと心配になってしまったというのが本当のところです。

この本では、最初から最後まで、こうしたドンキの「変な」エピソードがたくさん語られています。そんな変わった社風の会社が、ずっと同じノリのまま、どうやってここまで成長できたかについて、ＰＢの再生（リブランディング）物語を中心にお伝えしていきます。

２０１９年に僕がＰＰＩＨの社長になって、役員として唯一営業関連で管掌していた（過去形です・笑）のがＰＢ事業なので、今回の執筆者として僕にお鉢が回ってきたのだと思いますが、実際は共著者であるＰＢ事業責任者でマーケティング戦略担当の上席執行役員・森谷健史のリーダーシップ《好き勝手し放題》と、同じく共著者である博報堂のクリエイティブディレクター・宮永充晃さんの絶大なご協力《寛容と忍耐》の下、この事業は遂行されたので、これは僕が担当した事業です……とはとても言えません（笑）。

その代わり、本書では、僕は、創業から35年で売上高２兆円までになったこの稀有《けう》な会社のモノの見方、商売の考え方、特に「どんな会社なの？」という部分について執筆を担当することにしました。僕は営業出身でもなく、また、当社の中心である20代からドンキで働いている、という経歴でもなく、まして、創業者やそれに準ずるような社歴があるわけでもありません。ドンキのことを語るにはもっとふさわしい人がいる。でも、40代になっての転職

はじめに

組の僕だからこそ書ける当社のユニークさ《「変わっている」こと》がある、ということで、執筆の機会をいただくことになりました。

入社後、僕の先生は若い社員たちだったのですが、さらに驚いたのは、この若い先生たちが、最終権限を様々な形で持っていることでした。

例えば、カテゴリーリーダーという仕事があります。これは当社の花形のポジションで、７つに分かれている商品の仕入れの責任者のことです。カテゴリーリーダーの仕入れの最終権限の金額は、年間で約５００億円から約４０００億円という巨大な金額になります。今もカテゴリーリーダーは全員30代、40代ですから、若いです。

ただ、カテゴリーリーダーも各部門の部門長に、部門長もその部下の担当者に、どんどん権限を委譲していきます。結局、仕入れ権限の責任者はカテゴリーリーダーですが、それは最終責任を負うということのみで、彼らが実際に仕入れを手掛けるのはほんの一部。ほとんどは、権限を与えられた、各店舗の最前線にいる従業員が担当しているのです。

しばしば本書に出てくる、当社グループの企業理念集『源流』には、「自分の権限を自ら剥奪し、部下に与える」とあるのですが、文字通り、その通りやっています。実際、いわゆる正社員でない社員（当社では「メイト」さんといいます）が、普通に仕入れ権限を持っているのが当社です。当社グループの仕入れの1兆6000億円は、全てこの方式で仕入れてるんですよ。

ちょっと変わってますよね。

でも、だからこそ、若い従業員が、入社からの数年間で、どんどん実力をつけてきて、グングン伸びてくる、というのも事実です。

このカルチャー（任せちゃうという価値観）は、当社の創業者である安田隆夫の信念からきています（安田の著書に詳しく書いてありますので、ご興味ある方はぜひお読みください）。安田会長の一番スゴイところは、突き抜けた楽観主義に基づいた経営ということだと思います。入社後、僕はオドロキの連続のドンキ人生を送ることになるのですが、とにかく信じて任せちゃう、というのが安田の経営方針です。え、こんなこと任せちゃっていいんですか？ということを、安田は、莞爾《かんじ》と、満面の笑みで「頼んだよ」と言うのです。だから、小売業

経験ゼロの僕が、入社と同時にアメリカの社長に任命されちゃったんですよね。
でも、やっぱり変わってますよね（笑）。

さて、変わってる、変わってると、自社のことを書いていますが、これは僕にとっては最もポジティブな、言い換えれば、従業員にとってやる気の出るドンキの特徴です。「変＝ｓｔｒａｎｇｅ」という意味での変わってるではなく、「異なる＝ｄｉｆｆｅｒｅｎｔ」という意味での変わってる、とご理解ください。実際には、変なこともいっぱいありますが（笑）。

ところで、私たちのグループの売り上げは２兆円を超えているのですが、その話をすると、一様にみなさん驚かれます。小売業界でいうと、セブン＆アイ・ホールディングス、イオン、ファーストリテイリングに次ぐ規模なんですよ。僕が言いたいのは、規模がデカい、ということではなく、ドンキの面白いところは、この規模になっても、僕が入社したときに感じた、あの変わっているところを維持し続け、また、それを変えてはいけない、と信じているところです。このノリの会社がここまでの規模になったのは、何かやっぱり理由があるんじゃないか。そういったことについて、読者のみなさんに興味を抱いていただけるととてもうれしいです。

読んでいるうちに「え、本当なの？」という部分が多々出てくると思います。そういう反応を得られれば、多分、うまく伝えられている……ということなんだと思います（そして、本書で取り上げられているエピソードは全て実話です）。


本書の僕の書いたパートには、しばしば、「笑」が文章の末尾に記されています。これは、僕がドンキに転職してから、様々な場面で、他社だったら笑えない話でも、ドンキでは「笑うしかない」あるいは、「笑ったほうが正解」「笑を付けたほうがドンキでの本音」ということが多く、ビジネス書の分類の本なのに申し訳ないのですが、「笑」を入れないとニュアンスが伝わらないというか……。

僕なりに真面目に書いたんですが、やっぱり「笑」を入れないと真意が伝わらない、というノリでございます。

僕は、夜になると、早く朝が来ないかなあと思っています。明日になったら○○さんと話したい、XXさんの考え聞かなきゃ、などと役員や社員の顔が浮かんでくるのです。毎晩が、遠足前日の小学生の気分。その根本にあるのは、従業員との信頼関係なんだと思います。入社してから17年たって、安田会長の信念、「信じて任せる」という経営方針が少しわかったような気がします。

いくら「信頼する」と言っても、本当は危なっかしく思っていたに違いないのに、安田会長は常に任せてくれます。いろいろ言いたいことがあるに違いないのに、結果が全て、と、決まったことに途中で異を唱えられたことがありません。そんな、創業者の安田イズム、そういったものを、大した社長ではありませんが（本書で、それも明らかになっていきます・笑）、僕というフィルターを通してみなさんにお伝えできれば、と心から願っています。

＊＊＊＊＊＊＊＊＊＊＊＊＊

本書は、代表取締役社長である僕、吉田直樹に加えて、当社の上席執行役員の森谷健史、そして博報堂の宮永充晃さんの3人で執筆しました。
　2019年、僕が社長に就任したとき、これからの当社の成長って、自分たちだけの世界観にとらわれず、異なる価値観を持った他社と仕事をすることで達成できることも多いんじゃないかと考えていました。ということで、会社のこれからのあり方として、他社と組むことを提示しました。僕はそのほうが絶対オモシロイことができると思ったんですね。

PBのリブランディングプロジェクトでも、それを森谷に頼みました。もちろん、そのパートナー選定は森谷に託したわけですが。
　その結果、森谷のチームが博報堂さんと組むことを勝手に（とてもポジティブな意味です・笑）決めてきたので、博報堂さんがパートナーになりました。その博報堂のリーダーが宮永さんです。博報堂さんとチームアップすることになったのは、そんな経緯です。

好き勝手に決めてきた

　宮永さん、あるいは博報堂さんと僕は、それまで何の接点もありませんでした。森谷が決めてきた博報堂の本プロジェクトリーダーの宮永さんは、初めて会ったときから当社とずっと一緒にお仕事をしていた人のように感じました。宮永さんの視点はとてもユニークで、当社の考え方とは全く違うけれど、何だかうまくいきそうな予感がしました。2年くらいたっ

たときに、宮永さんの年齢を知ったのですが、（若くて）正直オドロキました。ドンキよりも若くて権限を持っている人がいた！

森谷は、当時、最年少で当社の執行役員になったＰＢの責任者です。ドンキでの社歴は僕より長く、先輩です。すごくドンキっぽい人材で、自分のシゴトを、好物か好物でないかで判断するようです（後述するマーケティング部門の責任者に任命したときには、「大好物です」という返事でした・笑）。

そんな３人で、２０２０年以来、たくさんのことを語り合ってきました。チーム宮永という社外の方と一緒にシゴトをすることにより、かえって、自社、ドンキらしさ、といったものについて考えざるを得なくなり、また、変えなければならないことについても思い切った決断ができたのではと思います。そういう試行錯誤の結果、世間にもわかりやすいオモシロイ成果を挙げているのが、本プロジェクトではないかと自負しています。

こんなオモシロイ話は３人で語るだけではもったいない。また、こんな会社をオモシロイ、と思ってくれる人には、ぜひ、入社していただきたい！（笑）　仲間になっていただきたい！（笑）　そんな思いで1冊の本を作ることになりました。

さて。本書は著者3人で、ろくに打ち合わせもせずに書いてしまったという事情があったので（あなたの勝手でしょ！と、ぜひツッコんでください・笑）、構成がグジャグジャになっちゃいまして、ここで、僕から本書の流れについて説明させてください。

序章・第1章では、主にドン・キホーテという企業の文化や考え方について書いています。第2章は、ドンキのプライベートブランドが、リブランディングをしなければならなかった事情について、第3章は、リブランディングがどんなプロセスで生まれていったかについて説明します。

第4章では、僕たちのPBのデザインが、どういった考えで今のデザインに行き着いたかについて、第5章では、PBの商品企画、特に当社の独自性、トンガリがどうやって商品になっていくかについて、背景を解説します。

第6章では、僕たちの商品やサービスが、お客さまとどうつながって、そのお客さまとのつながりがどう商品やサービスに影響を与えているかについて、第7章では、僕たち独自のマネジメント手法、社内に大宣伝という話をします。

そして最後の第8章では、なぜ、ここまで好き勝手を推奨するのかということについて解

き明かし、僕たちの大きな特徴である権限委譲という文化と、その裏側にある当社流の好き勝手ということについて書いています。

ドン・キホーテで、実際、どんな仕事をやっているのか、どんな会社なのか、そんなドンキのことをリアルにお伝えできれば望外の幸せです。

株式会社パン・パシフィック・インターナショナルホールディングス
代表取締役社長ＣＥＯ　吉田直樹

目次

ドンキはみんなが好き勝手に働いたら2兆円企業になりました

序章

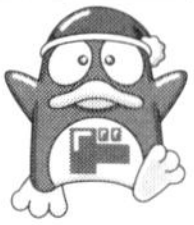

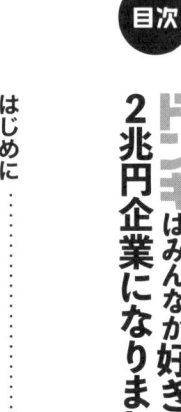

目次

第1章

第2章

第3章

「ドンキらしさ」の正体

第4章

第5章

第6章

第7章

第日章

序章

社長から見ても「ドンキって変」なんですね（笑）

吉田直樹

安田会長からのラブコール（？）

まず、僕の入社当時のことからお話ししますね。僕の話……ではなく、ドンキのユニークさのお話として。

そもそも入社の経緯からして変わっていました。当時、僕はコンサルティング会社を経営していて、仕事の関係で安田会長とも面識があり、また、僕にとって、起業家として、一人の個人として最も尊敬している経営者でした。ただ、小売りの経験が人生で一度もない自分が、ドンキに入社するということは考えてもいませんでした。

安田会長は、面白い、というか真正直な人なので、打ち解けてくると、思っていることがストレートに言葉に表れます。

その頃、安田会長は、会うたびに、まるで口癖のように「吉田さんもコンサルなんかやってないで、実業をやったらいいよ。ドンキはいいよ、面白いよぉ」と、ことあるごとに私の職業を思いっきりディスっていました。どういう趣旨でそういうことを言われているのか、いまいちわかりませんでした（笑）。

そんなある日、というか、ある夜、安田会長から電話がかかってきて「ハワイの（現地法人の）社長になってほしい」と突然言われたんですね。「僕、仕入れも店舗の経験もないので無理です」と断ったのですが、次の日の夜も電話がかかってきました。その次の日の夜も……です。そういうことが続いて、毎晩（！）のように安田会長と話しているうちに、何となく、それが自分にとって良い選択肢に思えてきて（安田会長と話していると、大抵の人は説得されてしまいます。これが安田会長のスゴイところですが）、つい「わかりました……」と答えてしまったのです（笑）。

「コンサルなんかやってないで、実業をやったらいいよ」、と会長が言っていたのは、ドンキに入社したらという意味だったのか、と今頃わかったのでした（笑）。

会長は、善は急げを地でいく人なので（当社の事務所のトイレには「スピードこそ命」と貼ってありますが、これも企業理念集に書いてある言葉です）、そこからは「じゃあ、いつハワイに行ける？」と、あっという間に具体的な話になって、入社日やハワイに行く日程など、全てその場で決まってしまいました。

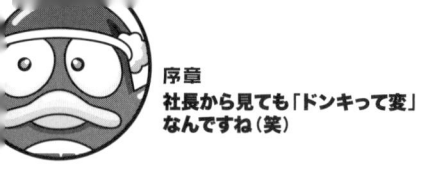

入社した時のことも忘れられないですね。

今でこそ、入社の手続きやオリエンテーションなどは、普通の会社のように行われますが（みなさん、ご安心ください！）、その頃はそんなものはありません。「この部屋、使ってください」だけでした。

国際電話のかけ方もわからず、本社にどういう部署があるのかもわからず、それこそ、どういう意思決定をしたらいいかも教えてもらえず、ハワイ法人の社長ってどういう仕事なんだ？という説明も受けないまま、デスク一つの部屋をあてがわれたのでした。

権限委譲のベースにある「仲間」という感覚

そうだ、安田会長に挨拶しないと……と思い、安田会長の部屋に行ったところ、満面の笑み（この笑顔が安田会長のトレードマーク）で、「ようこそようこそ」と大歓待です。一通り話が盛り上がったところで、会長が、「ところで、今までは『吉田さん』と、さんづけで呼んでいたけれど、これからは仲間だ。いうなれば、オレとお前という関係。なので、これからは『吉田』と呼び捨てにするがいいか?」と言われたので、「もちろんです」と答えました。オレとお前と言われても、僕が会長のことをお前と呼べるわけもなく（笑）、僕にとって、会長は会長なんだよなーと思いつつ……。

ただ、会長のこの感覚。入社したばかりだけど、「仲間なんだよ」ということの象徴としての、「オレとお前」という言葉。この仲間という感覚、信頼感が、ドンキの権限委譲という仕組みをつくる基礎の一つになったのだと、今は思います。

そういうことで、僕は入社と同時にハワイ法人の社長に任じられたのですが、安田会長は「吉田も困ってるだろう」と（そんなことを前提に子会社の社長をやらせるんですか?と思いながらも・笑）、1回目のハワイ出張で、多数の営業の幹部を一緒に連れていってくれました。

そのとき驚いたのが、一緒に行った営業幹部の人たちはみんな、男性も女性も30代中心で、20代の人もおり、それぞれが、それぞれの部門、それも結構大きな部門の最終責任者だったのです。

なぜ「格好いい店」がドンキではダメか

「格好いい店はつくるなよ」

右も左もわからない状況の中、さすがにどうしたらいいのかと、恐る恐る安田会長にアドバイスを求めたところ、会長から2つのことを言われました。1年以内にハワイの法人を黒字化すること。これは、まさに明確です。「はい、わかりました!」僕の回答も明快でした。

2つ目に言われたのは、「格好いい店はつくるなよ」でした。正直、そのときは安田会長の言っている意味が全くわかりませんでした。え、ちょっと意味がわからない……実際にその意味を理解できたのは、はるか後になってからです。

ドンキは、「顧客最優先主義」をその企業原理としています。それは、お客さまを一番大切にします……という小売業者として当たり前のことから一歩進んで、「お客さまにとって最も都合のいい店をつくる」という意味なのです。

もう少し言葉を付け加えると、「顧客は自らの利益と楽しみのために、当社グループ店舗が自分にとって最も好都合な店だからこそ、来店し、買い物するのである」という創業者の考えからきています。

「格好いい店」というのは、得てして主語が自分（自社）になりがちです。つまり、会長が言った「格好いい店はつくるなよ」とは、主語が自分になっていることへの戒めでもあるのですね。つまり、僕たちを主語にして格好いい店というのは、お客さまにとってみれば、「関係ない」ということです。

ちなみに、ドンキでは売り場のことを「買い場」と呼びますが、これもお客さまを主語にすれば売り場は「買う場所」だからなんです。

万が一、格好いい店をつくってしまったら、それはドンキではなくなってしまいます。安田会長がイメージしているドンキは、格好いい店とは対極にあるのです。入社したての頃は、本当にそれがわかりませんでした。

新人が4000万円の仕入れ

ドンキの店舗には、家電や衣料品といった7つの商品カテゴリーがあります。各買い場の担当者は、仕入れも販売も丸ごと任されます。どの商品をどこからいくらで仕入れるかは、担当者の自由。仕入れた商品をいくらでどのように売るかも自由。現場の最前線の担当者に丸投げされます。

唯一のルールは、お客さまに受け入れられることです。そのためには、商品を説明することも必要でしょうし、クスッと笑っていただいたり、あるいは、圧倒的な価格で勝負したり……と。社内では「ポートフォリオマネジメント」と言っていますが、お客さまにドンキの商品が受け入れられるのには、いろんなパターンがあります。お客さまのハートにたどり着くのは、どのルートでも構わない、ということですね。

そして、お客さまに受け入れられるとどうなるのか？　最終的には、お客さまが、手に取って買っていただくことになります。だから、売り上げという、最も明確な方法で、結果が明確にわかるんですね。

「月間４０００万円の仕入れを自由にできる」

ドンキは中途採用の求人広告で、そんなフレーズを掲げたことがあります。これ、本当です。森谷は新卒入社1年目どころか、２カ月半で担当者になり、いきなり仕入れ４０００万円の自由を手に入れました。まだレジもろくに打てないような新人に、月間４０００万円を丸投げする会社が他にあるでしょうか？

一方で、新人に丸投げするのには、根拠がないわけではありません。新人であっても、一人の消費者という側面もありますから、お客さまのことを理解することにおいては、別にハンディキャップはないのです。お客さまのことを最もよく知るのは、現場の最前線で働く人たち。だからこそ、ドンキは現場に最大限の権限を委譲しているのです。

ドンキでは、管理はしない

では、権限委譲されているドンキの商売は、他の小売企業と本質的に何が違うのか？まず、お客さまに見えるところで申し上げると、各店舗によって売っている商品も値段も違う、ということ……だと書こうとしたのですが、もう少し正確に説明するとこうなります。

「その店に来店されるお客さまに合わせて、それぞれの店が、それぞれの社員が、自らの権限と判断において運営をしているため、売っている商品も、価格も、店づくりもおのずとそれぞれ異なってしまっている」

ということです。

さて、日本の小売業界に大きな影響を与えた理論に、故・渥美俊一氏の「チェーンストア理論」があります。チェーンストア理論とは、超意訳すると「本部に権限を集中させて、大量に商品を仕入れて大量に安く売る」ということ。そのため、本部が一括して商品を仕入れるのが基本です。

時代が高度成長時代を迎えたとき、まず消費者が小売業に求めたのは、みんなと同じものを、より安く、だったと思いますから、まさに時代に合った姿だったでしょう。また、当時はメーカーの決めた「標準小売価格」に縛られ、小売業には経営の自由権が制限されていたような時代背景もあったと聞いています。

ドンキの1号店がオープンしたのは、そういう時代がすっかり変わった１９８９年のことなので、そもそもドンキにはチェーンストアの発想がありません。

僕が入社してから、一番たくさん受けると言ってもいい質問が「あんなに大量の商品をどうやって管理しているんですか？」です。会う人、ほぼ全員に聞かれたかもしれません。正直言うと、一番困る質問でもあります。苦笑っぽい感じでしょうか。

なぜかというと、「ドンキでは、管理はしない」というのがその答えだからです。

「管理」というのは、チェーンストア的な発想だと思います。しかし、僕たちドンキでは、何か本部とかエライ人が管理する……とかではなく、担当者が必死に棚を確保した商品ですから、各人が責任を持って在庫を管理する、従って、会社としては管理しない……というのが正解なんですね。大量の商品（小規模の店で5万アイテム、大規模な店で10万アイテムというイメージでしょうか）を少数の人が管理するチェーンストアを前提に質問を受けると、この答えはなかなか納得されないんじゃないかと思います。

その代わり、当社では管理はしませんが、厳しい評価はあります。会計上の在庫の期限は1年と定められていますが、当社では、6カ月を超える在庫は「不稼働在庫」、そして、3カ月を超える在庫は「興味期限切れ」、という評価をされるので、管理はしなくても、売れなくてもいい、ということにはならない、ということです。

社長も知らない億単位の稟議書を前に……

僕がドンキに入って驚かされたことは数えきれませんが、その中の一つがこうした「権限委譲」でした。その度合いが想像をはるかに超えていたのです。本書のストーリーであるPBのリブランディングプロジェクトで、こんなことがありました。

あるとき、森谷健史（本書の共同執筆者）が稟議書を持って僕のところにやって来ました。

ニヤニヤして（笑）。「はじめに」で、稟議のことについて書きましたが、当社に稟議がないわけではありません。ただ、権限が大胆に委譲されているため、年度の予算を決めると、それぞれの管掌の役員が全権を持って最終判断する仕組みになっています。例外として、社長の僕のところに来る稟議というのは、金額で言うとX億円以上とかいくつかのルールがあり、かなり数は限られているんです。

森谷が持ってきた稟議書には、数億単位の金額が記されていました。それは俳優を起用するテレビCMを中心とする広告企画の稟議書でした。そういえば、予算会議でこういうの言ってたなぁ。

「この人（コマーシャルに出演する俳優さん）、誰なの？」

「今、人気の若手俳優です《吉田さん以外はみんな知ってますよ》」

（そっか、有名なんだ、この人……）と心の中で自分の発言を後悔しながらも、金額の大きさと、テレビCMという当社っぽくない企画に対し、ここは社長として一言言っておこうと思い、

「こんなにお金を使って大丈夫なの？」「そもそも、CM効果ってこの場合、どうやって数値化するの？」

などと突っ込みを入れ始めました。すると、森谷は平然とこう言い放ったのです。

「吉田さん、別に決裁を取りに来たんじゃないんですよ。情報を共有しに来ただけです」

稟議書を見ると、予算で承認されており、かつ確かに僕の決裁を必要としない結構ギリギリの金額になっていました。「うちっぽい話だな」と思いました。正直、笑っちゃったんですね、森谷に。うまいことやったよね、この金額で収めるなんて、と。

こうした話を書いていいのかわからなかったのですが、こういうエピソードを書かないと当社をうまく説明できないんですね。

社長の仕事は「任せきる」リスクを取ること

社長がしっかりしてないんじゃないか、とか、会社として大丈夫なのか？と言われるかもしれません。実際、ネットで、僕が会社で起きたあることについて「知らない」と投稿した

ところ、「社長が事情わからずって、ダメダメじゃん」「重大事項把握してない社長の会社とかヤバいｗ」とお叱りを受けたこともあります（実話です）。

「社長」といっても、当社の社長は、他社の社長のような権限はないんです！（笑） 大半の権限はすでに委譲されてますから！ 社内中、社長の僕の知らないことだらけです。社長といえども、自分の足で、情報を取りに行かないとおいてきぼりにされます（笑）。ちょっとカッコよく言えば、ドンキの社長の仕事は、任せきってしまうというリスクを取れるかどうか、という仕事です。

本音ベースで言えば、社長が全部を知っていちいち判断するというルールにして、判断が遅れたら、そっちのほうがはるかにリスクは高いというのが、当社の経営者のあるべき姿なんだとも思います。だいたい、そんなリスクは取れない……と思います。マーケティングの専門家でもないし、何より僕は、会長の大嫌いな（頭でっかちな）ＭＢＡ（経営学修士）保有者ですから（笑）。

トップの声では動かないけど、「自分事」では動く社員

ドンキの社員たちは、社長の僕が指示する前に勝手に動いているだけではありません。逆もまた真なり（笑）。

僕が何か指示しても、簡単には動かないのです。こんなことがありました。

ドンキは「majica（マジカ）カード」という会員カードを発行しています。しかし、カードではサービスの拡張性がなく、アプリに移行する必要がある。僕は経営会議で、マジカカードをアプリ版に移行しなければならないと、何度も訴えました。対外的にも「マジカのアプリ会員数を、現在の350万人から1000万人へと3倍にします！」と宣言していたので、正直、アプリ版に移行してくれないとヤバいと。

ところが、トップの僕が何度話しても、幹部は誰も積極的に動いてくれませんでした、見事に（笑）。トップダウン型というのは、うちにはあまりなじまないんですね。

それなのに、1000万人会員をつくる、という僕の考えに共感してくれたマジカアプリの担当者が、いろんな店に足を運んで現場とコミュニケーションを図っていったら、カード

からアプリへの切り替えが一気に進みました。アプリ会員は、あっという間に１０００万人の目標をクリアし、今では１５００万人に達しています。

社長の僕に言われても幹部も社員も動きませんが、現場が腹落ちしたらみんな徹底的に動いてくれる。それでいいの？と言う方がいるかもしれませんが、僕は、結果が全てだから、それでいいと思ってます。

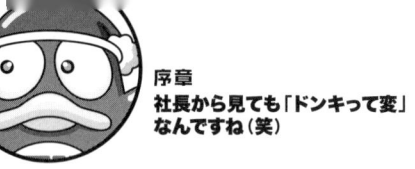

もちろん、社長が「これやってくれ」と言ったときに、スッとうまくいくこともたまにはあります。ただし、それは「現場の人たちが納得した場合」という鍵カッコ付きです。なぜなら、ドンキの現場は「自分事」で仕事をしているからです。指示をされたから動くのではありません。自分の心に火が付かないと誰も動かないのです。現場の人が最もお客さまのことをわかっています。

僕は、安田会長がしょっちゅう社員や役員を説得しているのを見ました。当社の社員も役員も、小売業というサービス業にいますから、基本的にはフレンドリーな人材がほとんどですが、頑固です。安田会長の言葉でも、まず自分が納得したい、と思うわけです（当社用語では、それを「腹落ち」と呼びます）。

そして、安田会長もそのプロセスをものすごく大切にする。だから、長時間、安田会長は言葉を尽くして、自分の考えを従業員や役員に説明することを大切にしてくれています。

でも、こんな上司と部下の関係、普通の会社ではあり得ないでしょう。

平均400円の商品を売って売り上げ2兆円

ドンキを中核とするＰＰＩＨは２０２４年６月期決算で、売上高が初めて２兆円を突破しました。また当社は時価総額も２兆円を超えており、これは日本企業のトップ１００に入るくらいの規模です。

この２兆円をつくっている商品の平均販売価格、いくらだと思いますか？

PPIHの売上高・営業利益の推移

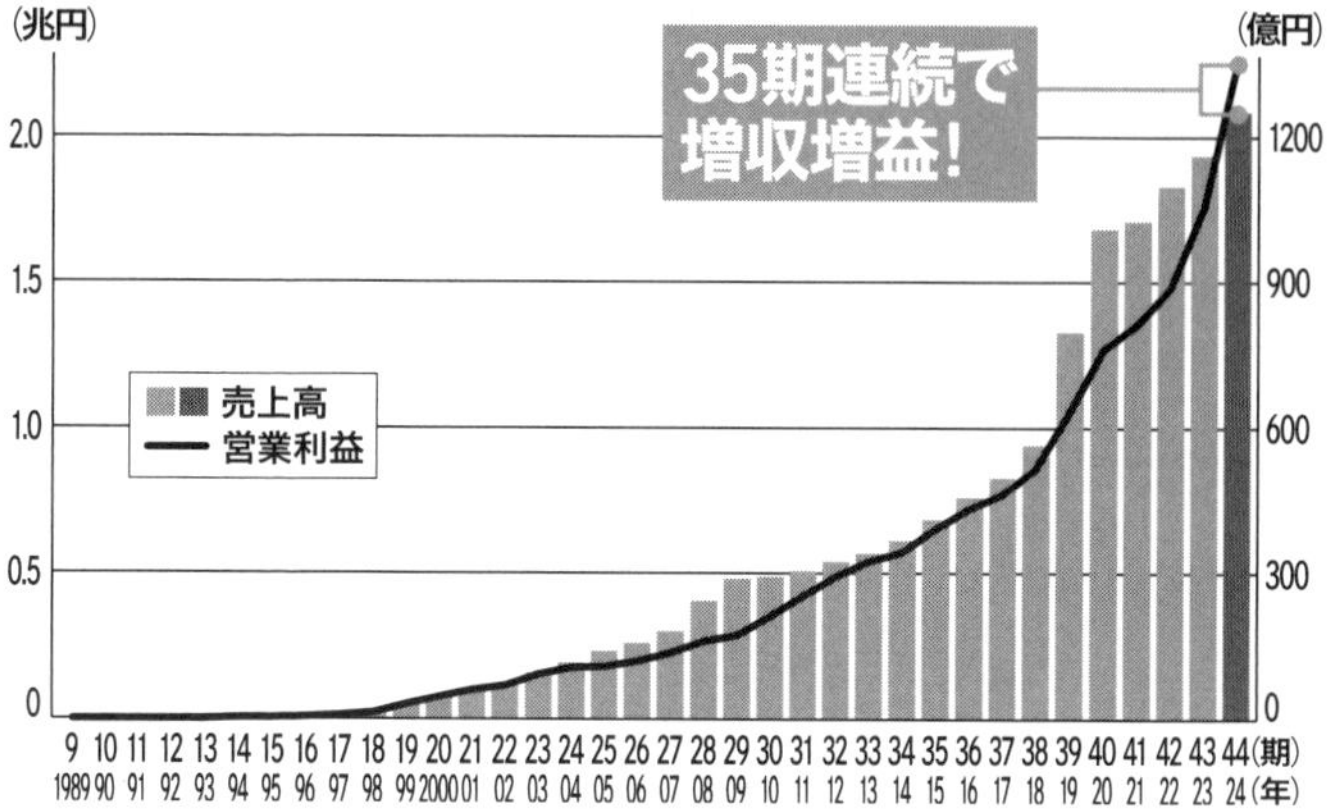

実は１商品の平均販売価格は４００円に届きません。ドンキは小さな商品を売る、文字通り「小売り」です。４００円弱の商品の販売を毎日各店舗でコツコツ積み上げていって、１年間で２兆円になったのです。２兆円を４００円で割ると、単純計算で50億個以上、商品を売らなければなりません。

僕が自分の会社に誇りを持っているのは、まさにこの点です。店舗の最前線で働いている社員やアルバイトのみんなが知恵を絞って魅力的な商品を仕入れ、思わず買いたくなる買い場をつくっていることの証しなのです。

権限委譲とは、信頼関係の上に成り立つ「契約」

ここまでは、僕たちの実践している権限委譲が、自由にあふれている、ということを書きました。続いて、そうは言っても、何でもアリじゃないですよね、という疑問にお答えしようかと思います。

さすがに、それはその通りです。僕たちは、上場もしています。売り上げも2兆円ですが、時価総額も2兆円を超えています。お客さまに対する責任、株主や市場に対する責任、お取引先に対する責任ももちろん大きく、企業としてその義務を果たさなければなりません。例えば、食品や日用品も数多く取り扱っているわけですから、安心や安全は最重要の課題です。

こういった文脈で考えると、権限委譲とは「会社と権限委譲を受けた者との間の契約」に近いものだと、僕は考えています。具体的には、会社と被権限委譲者は、目標と期限を相互に合意する。そして、会社は最小限のルールは課す代わりに、被権限委譲者は自由裁量によって思い切ったアクションを取ることができる、こういう契約なんだと思います。

会社ですから、遊びではありません。安心や安全といったルール、損はここまでといったルール、そういった最小限のルールは必要です。でも、それ以外は思い切って任せる。このギリギリを実現するための契約ですから、契約にうたうことは大切です。

なぜかと言えば、お互いに約束（＝契約）することにより、当事者同士（上司と部下など）が、曖昧さを排することができるからです。何をやってもいい、何はやってはいけない、ここにきちんと線を引くことは、権限委譲においては最重要事項です。いくら儲かっても、お客さまに迷惑をかけることは容認できない。オモシロさをどれだけ推奨しても、オモシロイだけでは継続することはできません。それは、ビジネスではないからです。

ただ、実は最も大切なのは、契約の文言というか表面上に書いてあることではなく、信頼関係だと思っています。これは、どんなビジネスでもそうではないかと思います。最高の契約書を作っても、どれほどありとあらゆる場面を想定して契約事項を詰めたとしても、信頼関係がないと、契約は成立しないからです。

そして、契約はシンプルであるほど良いと思います。最小限のことだけを決めて、あとは信頼関係によって思い切って任せる、任される、ということなんです。

主語が違うからちょっとヘン

「ドンキは型破り」
「ドンキは逆張り」
「ドンキは異端児」

メディアに取り上げられるとき、そんなフレーズがよく使われます。

所狭しと商品が並ぶ「圧縮陳列」、「情熱価格」のパッケージのやたらと長い文章、いかにもドンキな手描きＰＯＰ――。みなさんもドンキの店舗を訪れると、こうしたものを目にして「ドンキって他社の店と違うよね」と思うかもしれません。ましてや社員たちが社長の言うことすら聞かないとなれば、「ちょっとヘン」と思うでしょう。

僕なりに、このドンキが「ちょっとヘン」に思われる原因を考えてみました。

僕自身は、それは「主語」が違うからだと思っています。ドンキでは、常に主語を顧客に転換することが求められます。

例えば、一般的に真面目とは、自分が真面目にすることですよね。しかし、私たちの真面目とは、自分が真面目にすることではなく、お客さまにとっての真面目がドンキの真面目です。つまり、主語が自分ではなくお客さまなのです。どこまでお客さまを主語にして本気でできるか。これを徹底的に追求しているだけです。

例えば、大手では、ある商品が全店舗でそろえられないと棚から商品を一時的に引き上げます。ドンキでは、そもそも店によって置いてある商品が異なるということもありますが、そうしたことは起きません。例えば、コロナの最中、マスクが全国的に足りなくなった際も、仕入れることができた店では、当社はマスクを店頭に全て出していました。全店舗でそろえられたら店頭に出すということではなく、それぞれの店の別々のお客さまにとりあえず役に立ちたい、という発想です。

そんなわけで、そもそも主語が違うから、変に見えてしまうのかなと思います。

「お店、買い場は楽しく、会社は真面目に」

これは安田会長が言い始めて、社内に根づいたフレーズです。ドンキでは、売り場のことを「買い場」と呼ぶところにも、主語の転換が象徴されています。お客さまに見えるところは楽しく、会社は真面目に、というのがドンキのスタンスです。

権限委譲もこの発想が基になっています。各店舗の買い場担当者に権限を持たせるのは、本部から見たら不合理かもしれません。しかし、財布を握っているお客さまを目の前で見ている現場の人に権限があって、即座にお客さまの声に応えられるほうが売れるよね、というのがドンキの合理的な発想の根っこにあります。

僕たちがリブランディングした情熱価格は、パッケージに書かれている商品名が長いことで話題を呼びました。メディアにも、奇をてらったかのように取り上げられました。しかし、私たちは奇策を打っているわけではありません。「正面突破」しているだけです。いつでもどこでも正面突破しかしないから、かえって変に見えるのです。

私たちからすると、当たり前のことをやっているだけです。そんなことを、ここから、ＰＢの物語を中心に具体的にお伝えしようと思います。

第1章

「情熱価格」をリニューアルしなければならなかったワケ

吉田直樹

驚きの調査結果、売れているのに知られていない

２００９年、業界最安値の「６９０円ジーンズ」を引っ提げて、プライベートブランド（ＰＢ）「情熱価格」を立ち上げました。結果は、５日間で３万本が完売する快挙を成し遂げ、ドンキの「激安ジーンズ」は大きな話題になりました。覚えていらっしゃいますか？

その後も５万円台の４Ｋテレビや１万円台のノートＰＣ、業界最大の風量をうたったドライヤーなど、情熱価格は他社が目を付けないようなユニーク過ぎる企画や、お客さまが潜在的に抱いていた「こんなの、あったら面白いのに」を形にすることで、ヒット商品を次々と飛ばしていきました（章末コラム「ヒットメーカーの〝好き勝手〟秘話」参照）。

と、ここまではよかったのですが……その後、さらに、ラインアップを増やすため、２０１６年からは情熱価格を「情熱価格」「情熱価格＋ＰＬＵＳ」「情熱価格ＰＲＥＭＩＵＭ」の３つのカテゴリーに分けることにしたのです。ただ、この頃から、当初の情熱価格とは違う方向に行き始めていたような気がします。

僕自身は、この路線はまずいなと思っていました。その理由はとてもシンプルで、「情熱価格」はイメージできても、「情熱価格PREMIUM」は、お客さまにはイメージが湧かないんじゃないか？ということでした。

２０１９年、僕は社長に就任したのですが、そのとき、この件について結論を出さないといけないと思い、検討に入りました。とりあえず、情熱価格について、現状認識をしなければという思いでブランド認知度を調査したのですが、正直、ずっこけました。

結果は、ドンキのＰＢ「情熱価格」を知っているという回答が26％しかなかったのです。同じ調査では、某コンビニチェーンＳ社や、某ＧＭＳ（総合スーパー）大手のＩ社のブランドの数字が、情熱価格の優に3倍を超えてましたから、26％という数字がいかに低いかがわかるでしょう。つまり、大半のお客さまは、情熱価格というブランドを認知していなかったのです。

当初、情熱価格は強烈なイメージのおかげもあって結構売れていましたし、当然、利益も出ていました。けれど、だんだん、お客さまには情熱価格ということのメッセージが伝わらなくなっていき、価格の部分だけが支持されるという、ブランド本来の姿とは違う方向にいっちゃったんですね。

「〇〇といえばドンキ」を増やせ！

同時期、ＭＤ（商品部）の幹部や従業員といろいろ話していたのですが、これからは「〇〇といえばドンキ」「××といえばドンキ」といった商品や商品群をどんどん増やしていこう、という結論に達しました。ドンキに来たから手に取っていただく、という商品ではなく、それ以上、つまり、この商品があるから、あるいはこの商品を買うためにドンキへ行きたい、と思っていただける商品という意味です。

書いてしまえばどうってことはないのですが、実現するのはとても困難です。

ただ、僕は、ドンキのＭＤの成功は、ここにあると確信してたんですね。それは、ドンキのＭＤで成功しているのは、このパターンだからです。

具体的に見ていきましょう。日本の物販市場は120兆円くらいなので、ドン・キホーテの物販のシェアは1パーセント程度です。しかし、カラーコンタクトレンズ（カラコン）やつけまつげに関しては、標準的なシェアとは不均衡に当社のシェアが高いんです。（家庭用の）お酒で見ても、ビールの市場は1兆3000億円で、当社のシェアは3パーセント程度なんですが、僕の好きなテキーラだと、市場全体が約25億円で、当社はシェアにして十数パーセントにもなります。若者に人気のショット酒や、あるメーカーさんのバーボンでは、日本一の販売量を誇ります。

つまり、ドンキらしさを商品で表すと、このような特定の商品や商品群の占有率がポーンと上がる、ということになりますし、逆もまた真なりで、ドンキらしい商品があれば、それ自体が来店動機になります。その商品を目当てに、お客さまが来てくださるからですね。

お客さまの潜在ニーズを喚起するような商品、それがドンキのイメージと相乗効果を持って善循環をつくり出す、という感じでしょうか。

ブランディングとは何ぞや？

この頃の情熱価格の問題点はそこだったと思います。商品自体の求心力ではなく、ドンキの求心力で売り上げが成り立っていたということです。だから、商品と新たな来店動機の循環が生まれない……。

それを解決するのに必要なのが、マーケティング用語でいうところの「ブランディング」なんだと思います。何が特別なのかよくわからない商品を、自分たちが「プレミアム」と言っても、その価値がお客さまに伝わることにはなりません。

初期にはいろんな議論をしました。ブランディングについては否定的な意見も多かったですね。そういう（マーケティングの）コストをかけて売るのはドンキらしくない、という意見もありました。「ブランディング」と「ブランドもの」の違い、というのを僕もうまく伝えきれず、混同している社内の意見も多かったので、議論が前に進まなかったこともありました。

これが僕自身にとっても、「ブランディングとは何ぞや?」ということを真剣に考える機会になりました。合っているかどうかはわかりませんが（笑）、ブランディングとは、お客さまが想起されるイメージ、価値、ということで、それはルイ・ヴィトンにもあり、ユニクロにもあり、当社の店にもＰＢにもある、ということです。

激論はしたけど、その結果、今のままではいけないよね、情熱価格はリブランディングしなければいけない、という認識が生まれました。

ここまで書いて、ふと、読者のみなさんから、「あれ、好きなようにやらせるのがドンキなんじゃないの?」というツッコミを受けそうなので、言い訳します（笑）。

当社の権限委譲には４つの要素があります。「明確な勝敗」「タイムリミット」「最小限のルール」「大幅な自由裁量権」がそれです。今、情熱価格をどうするかというのは、この４要素の１番目、明確な勝敗を決めるところに当たります。当社では、ここに一番時間をかけます。経営者と権限委譲を受ける立場の従業員は、何が目的なのか、については徹底的に話し合うのです。そこで決まったことは、権限委譲を大胆に進めるわけなんですよね。それまで（つまりゴール設定）は、徹底的な議論がなされます。

コロナ禍での生き残り、PBリニューアルの背中押す

そうこうしているうちに、世界中が新型コロナウイルスの感染拡大に襲われたのです。２０２０年２月。僕のことで言えば、社長に就任して半年。その１週間前には、中期経営計画を発表したばかりで、何ともタイミングの悪い時期でした。

パンデミックの影響は当社にもすさまじく押し寄せ、売り上げの約10％を占めていたインバウンドが２０２０年３月にはゼロになりました。さらに、都心の店舗でお客さまを目にすること自体がほとんどなかったですね。新宿も渋谷も池袋も、ほぼ誰も歩いていませんでした。

コロナの感染拡大が始まった初期の頃は、本当に、どうしていいのかわからなかったというのが、みなさんの実感に近いのではと思います。社長としての私も同じでした。できるこ

とは何でもやりました。マスクが一番不足していたので、とにかくマスクを確保しようとか。ネットで話題にもしていただきましたが、店頭に出したホワイトボードを使い、お客さまからお問い合わせの多い商品の在庫を、リアルタイムでお知らせする仕組みとか。

あの頃ですね。当社もＥＣ（電子商取引）を検討しないとまずいんじゃないかとか、コストの効率化やＤＸ（デジタルトランスフォーメーション）の活用などを目的とした生産性向上とか、プライシング戦略とか……。

この大逆風の中で、営業利益も昨対比で6割くらい減ったんですね。企業としてのまさに生き残りがかかっている局面でした。

ＰＢは、バリューチェーンがシンプルになり、自社で在庫を持ちますから、構造的に粗利率が高い商品です。また、ＰＢが変わって「○○といえばドンキ」という商品を送り出すことができれば、理論的には、それ自体がドンキに来ていただける理由になる。ＰＢのリニューアルは、そういう局面での決断だったんです。

PB商品をドンキのアイコンに

話は飛びますが、僕は音楽が好きです。ありとあらゆるジャンルを聴きますが、とりわけ歌謡曲が好きなんですね。

歌番組が減ったのは寂しい限りですが、NHKの紅白歌合戦などを見ていて気が付いたことがありました。よく書かれていることではありますが、石川さゆりさんだったら『津軽海峡・冬景色』か『天城越え』。やっぱり、なじみのない曲ではなくって、このどちらかを聞きたい。

時代をつくった歌手には、必ずその人を代表する歌がある。やはり、そういう代表曲がどれだけ多いのかというのは歌手にとって大事だなと。宇多田ヒカルさん、ミスチル、モー娘。、天童よしみ先生……それぞれの時代に、誰もが口ずさめるような代表曲がいくつもありますよね。

島倉千代子さんの『人生いろいろ』を聴きながら、あ、「〇〇といえばドンキ」ってこのことか……と気が付いたんです。

商品だって同じなんですよね。業界トップクラスの企業には、その企業を代表する商品が必ずあります。ユニクロなら初めはフリースでした。２０００年代初頭、みんながユニクロの店舗にフリースを買いに行ったものです。次が「ヒートテック」でしょう。ユニクロのような企業には、アイコン的な商品があるのです。アメリカのトレーダージョーズという食品スーパーでは、２００２年に発売した格安ワイン（通称Two Buck Chuck＝2ドルワイン）がコンテストでも金賞を獲得するなど、ロングセラー、ベストセラー商品として非常に有名です。

「コカ・コーラ」の存在については、もはや知らない人はいないでしょう。これこそブランドです。もう、ボトルの形から、ロゴから、味から、全て一瞬で想起されますよね。もっとも、コカ・コーラは年間５０００億円の広告費を使ってのナンバーワンですから、僕的にはペプシコーラを抜いて2位に躍り出たドクターペッパー推しですが（笑）。

演歌歌手（あ、演歌推しなので演歌歌手と書きました）と同じように、ブランドにはそれを想起させるアイコンがあるのです。

ドンキは、つけまつげのシェアが日本でナンバーワンです。カラーコンタクトレンズも日本で一番売っています。また、キャリーケースやキャラクターのマスコットが入ったバスボール、キャラクターもののソックスなんかもナンバーワンです。あまり知られていませんが、ドンキには日本で一番売っている商品群がたくさんあります。しかし、それらの多くはあくまでもお取り扱い商品（他社の商品）が中心でした。

「〇〇といえばドンキ」

そんなアイコン的な商品を出し続けるという姿勢が、最初の情熱価格では途中から欠けていました。正確には商品単体ではなく、商品群です。ドンキのＰＢって面白いよね、とか、いいよね、とか、それを各商品のみならず、ＰＢという塊がアイコンになる。そのためのプロジェクトが、ついに動き出したのです。

初のマーケティング部門を設置

その頃、ドンキはマーケティングという発想も手法も持ち合わせていなかったのが実情です。マーケティングという手法を持ち合わせていないこと自体を、悪いと思っていたわけではありません。ただ、そういう発想がなかったというだけで。当社は商圏ごとの個店経営を行い、編集型の小売業でもあり、そして社員にドーンと権限委譲する企業ですから、個人の力でヒット商品に結び付けば、そのほうが良いと思っています。

一方、企業規模が大きくなった中で、今後も成長を続けていくためには、それに加えて、当社の成功を理論づけしたり、経験の少ない若い従業員でも成功したりするようなパターンをつくらなければいけない、という思いもありました。「個客」という言葉も世の中に浸透してきて、ＥＣ企業はとても科学的な手法で顧客にアプローチしています。そろそろ、マーケティングの手法を取り入れないといけないなというのは、消費者の変化、市場の変化、競合の変化を考えると当然の帰結でした。

マーケティングといっても広大な領域です。そこでまず、ＰＢのリブランディングのために、創業以来、初めてマーケティング部門を立ち上げました。なぜかというと、ＰＢは個店ごとに、あるいは従業員ごとに企画できない類いのものだからです。

つまり、販売方法、販売目標個数などは店舗ごとに決定できる余地はあっても、ＰＢでは商品そのものは各店共通になります。そのため、全社を横断するような施策をつくるマーケティングの役割として、ＰＢのリブランディングはとてもフィットしていると考えたということですね。

情熱価格のリニューアルのプロジェクトでしたが、手掛ける範囲は単なるＰＢのリニューアルという枠にとどまりません。このときを境に、マーケティングを本格的に導入したドンキのビジネスは、「新しい手法を手に入れた」と言えるのかもしれません。

ＰＢのリニューアルを始めるに当たって、僕は次の４つが重要だと考えました。１つ目が優れたデザイン、２つ目がブランディング、３つ目がオモシロイと感じてもらえる要素（特徴的なもの）、４つ目がリーズナブルな価格です。

森谷にこのプロジェクトを委ねることにした理由も、マーケティングの導入につながります。もちろん、森谷が商品について膨大な知識を持っていたこともありました。しかし、彼が、新しいこと、面白いことをやりたいということに誠に貪欲なキャラクターだったこと。さらに、マーケティングという新しい領域にチャレンジするのに必要な知恵、地頭の良さ、そういったものを持っていたからです。そんな考えに加えて、本人が手を挙げたことも大きな理由でした。

情熱価格のリブランディングを率いた森谷のチームは、そうした既存のものとはまるで異なる新たな地平を切り拓きたいという心意気がありました。この時期、マーケティング手法を取り入れ、マーケティングの部署をつくるというのは、そういう意味では必然だったかもしれないですね。

第2章

「ドンキに行ってみたい」と思わせるブランディング戦略

（でも自社だけではできません）

初めてブランドと向き合って見つけた活路

森谷健史

アプリ開発が頓挫、折れた心

僕は情熱価格のリニューアルを任される前まで、アプリ開発のプロジェクトを担当していました。有名なデジタルコンテンツ開発会社と一緒に面白アプリをつくっていたんです。今思えば、ほぼゲームみたいなかなり変なアプリでした。

もう世に出せる寸前までつくり込みましたが、会社の方針が変わってプロジェクト自体がなくなってしまったんです。

30人くらいいた僕のチームは解散することになりました。メンバーの今後について、吉田と何回か議論していたんですよ。「この人はここに入れてあげてください」といったことを1カ月くらい話しました。プロジェクトが会社の都合で終わった腹いせに、内輪ではアプリ完成発表会のような送別会みたいなものを勝手に開きました（笑）。

そんなことがあって、今でもたまに吉田が「森谷、俺のこと恨んでんだろ?」と言うんです。

そのアプリの開発プロジェクトは、学校の文化祭みたいなノリでした。前代未聞のアプリだったので「これが世の中に出たらどうなるんだろう」と、みんなでワクワクしながらやっていたんです。それがなくなってしまったので、僕は燃え尽きてしまいました。

吉田に「森谷は、何やりたいんだ?」と言われても、僕は「何やりたいって言われても……別に俺、どこでもいいっすよ」と返していました。口には出していませんが、「自分のプロジェクトがなくなったのがつらいっすわ」みたいな態度を見せていたと思います。

これは書くかどうか迷ったのですが、あの頃、本気で転職してやろうと思って転職サイトに登録しました。そうしたら、某企業からオファーが舞い込んだんです。それが結構いい給料で……（笑）。

「〝これ〟をやる人がいないんだけど、やる？」

あるとき、吉田に呼び出されました。僕の配属先のことだろうな、と思って会議室で待っていたら、吉田と3人の役員が入ってきました。まるで4対1の面談です。僕は思わず「えっ、これ何すか？」と聞きました。

吉田はニヤニヤしながら組織図をバンと出して、

「〝これ〟をやる人がいないんだけど、やる？」

と言って、「ＰＢ事業戦略本部」という新組織を指さしました。

僕はかつて家電のＰＢを担当していたことがあったので、ＰＢには全然興味が湧きませんでした。「やんないっすわ」と、喉まで出かかったんですが、一応、「何やるんですか？」と聞いてみたんです。そうしたら、買収したユニーのＰＢもやらなければならないし、これから広げていく海外事業のＰＢもやってほしいとのこと。僕は過去に経験したドンキのＰＢに全く興味はありませんでしたが、「海外やユニーなら楽しそう」と一瞬思って、つい「面白そうですね、やります」と言ってしまったんです。

そういえば、アプリ開発を担当したときも、幹部に話を振られて「何か面白そうっすね。じゃ、やります」と言ったのがきっかけでした。面白そうだと、つい「やります」って言っちゃうんですよね。

そんな経緯でＰＢを担当することになったのですが、よくよく聞くと、１０００億円だったＰＢの売り上げを、３倍の３０００億円にするというむちゃ振りでした。「は？」みたいなところからのスタートでした。

希薄だったブランディングという考え方

第１章で吉田が述べているように、情熱価格の認知度を調査した結果、お客さまは情熱価格に対して「安いモノに付いているマーク」だと認識していることがわかりました。スーパーへ行くと、「特売品」「タイムサービス品」「これはうまい！」「ジャンボパック」といったシールが貼ってある商品を目にするでしょう。情熱価格は、お客さまの目にあれと同じようなマークとして映っていたのです。

確かにかつての情熱価格は、価格の安い商品が多かったのも事実。ブランドではなく、単なる安さの記号でした。

諸説ありますが、ブランドの語源はバーンド（Burned）という英単語だそうです。その意味は、焼き印です。市場で売られている肉はどれも同じに見えます。しかし、自分が育てた肉は品質が良いこと（＝価値）を示すために焼き印を入れたのがブランドの始まりだといわれています。焼き印を見た人が、「あいつのところの肉はうまいから買おう」となるのが本来のブランドです。

ところが、お客さまにとって、当時のドンキの情熱価格のマークは価値のないものでした。お客さまにとっては「一番安ければ何でもいいよ。そんなマーク、付いていたの？」というくらいの感覚。だから情熱価格は本当の意味でブランドではありませんでした。

私たち自身もブランドに対するプライドが希薄でした。

ブランドって何なんだろう？

それなのに、なぜ情熱価格を展開していたのでしょうか？　それは、多少なりとも店舗への導入率が上がるからです。実際、売れてもいました。

導入率が上がるといっても、何のことか想像できないかもしれません。序章で吉田が述べたことを思い出してください。ドンキでは、どの商品を仕入れて、いくらで、どのように買い場に並べるかは、現場担当者の裁量に全面的に委ねられています。それはＰＢであっても同じことです。本社が「この商品を売ってほしい」と各店舗に伝えたところで、現場が言うことを聞くとは限りません。

その点、通常の商品よりも情熱価格のほうが、本部が「売ってくれますか？」とお願いしたら、現場の担当者に「じゃあ入れます」と言ってもらいやすい。というのも、情熱価格は他の商品より利益率が高いからです。買い場に並べてもらいやすいことが、情熱価格のマークを付けている理由の一つだったのです。
店舗側からすると、ＰＢ商品を導入する理由は、価格が安くて粗利率が高いからです。それ以上でも以下でもありません。「これじゃなきゃいけない」という商品ではなかったので、浮気されることがよくありました。情熱価格とよく似た商品を店舗で仕入れることができるからです。「この情熱価格の商品が売り切れたら、別の商品を仕入れるからもういらないよ」と、ぞんざいに扱われることもありました。

現場がそういう見方をしていることを、お客さまには見透かされていました。情熱価格は売れてはいましたが、お客さまにとっても「その商品」でなくてもよかったのです。このマークが付いていても付いていなくても、売れていたということです。価格とスペックで商品を購入していただいていたので、情熱価格のマークに何の意味もありませんでした。現に情熱価格として開発を決めた商品でも、商品のイメージが悪くなるということで、情熱価格のロゴを商品の裏面に入れることもありました。

つまり、情熱価格が来店理由になっていなかったのです。

私はマーケティングの担当になってすぐ、「これはヤバいな」「ブランドって何なんだろう？」という議論をチーム内で始めました。

ＰＢは小売業がカスタマイズできる唯一の武器

ではなぜ、ブランドが大事なのでしょうか？

それは、ブランドが小売業としての武器になるからです。そしてＰＢは、リテールとして唯一、自らカスタマイズできる武器だと思っています。自分たちのお客さまのことを最も熟知しているのは、自分たち自身です。

ナショナルブランド（ＮＢ）の商品は、日本全国に流通させることを前提に企画・開発されています。ＮＢ商品は、極めて品質が高く、コストパフォーマンスも高いですが、いわば最大公約数をカタチにしたものです。ただ、ドンキに来るお客さまのことだけを見てつくられてはいません。

私たちなら、ドンキに来るお客さまのことだけを見て、ＰＢ商品を開発できます。他の誰でもなく、ドンキに来るお客さまだけに支持される商品を作ればよい。これは大きな気づきでした。そんなＰＢ商品によって呼び起こせるものこそが、「ドンキに行こう」というお客さまのマインドです。あの情熱価格の認知度調査の結果を目にして、ＰＢをきちんとつくることが極めて大事だと、改めて思い知らされました。

「ダメな人を連れてきたら、博報堂には頼みません」

僕はかつて「majica（マジカ）アプリ」を担当していました。そのとき、アプリのプロモーションを展開するために、博報堂などの大手広告代理店数社からプランを提案してもらったことがあったんですね。既にその段階で、「大手広告代理店と関わってはいけない」という〝ドンキの禁〟を破っていたのかもしれませんが、結局、そのときプロモーション自体は実現しませんでした。

ＰＢのリニューアルが決まったとき、当初は社内のデザインチームにどうやって進めるか検討してもらいました。すると、できるだけ安くしようと、ある広告代理店に提案してもらっていたんです。これは悪いことではありません。低コストでプロジェクトを進めるというのが、ドンキのそれまでの手法だったからです。しかし、その広告代理店からの提案は、僕が考えているものとはスケール感がまるで違うものでした。

もどかしさを感じた僕は、デザインチームとの会議中、その場でかつて接点のあった博報堂の営業担当の方に電話を入れました。

僕が「ロゴを変えるからデザインしてください、といった話ではなくて、ＰＢをブランドとして確立させたいんです」と用件を伝えると、「やります！」と即答でした。博報堂の営業担当が「チームを決めます」と言うので、僕は次のようにハッキリ伝えました。

「何をやるかも大切だけど、誰とやるかがもっと重要だから、メンバーがダメだったら博報堂には頼みません。自分たちには知見がないから外部に頼むんですよ。僕らが言ったことに何でも『イエス』と答えるような人は、絶対に連れて来ないでください」

しばらくして、博報堂の営業担当と共に現れたのが宮永充晃さんのチームでした。２０

19年のことです。メインメンバーが5人くらいだったので、僕は勝手に「ゴレンジャー」って名付けました。

今回、宮永さんに決めた重要なポイントがあります。それは、僕が言うことを瞬時に、的確に理解したことです。

宮永さんは「タレントを使ってテレビCMを打ちましょう！」といったありがちな提案は一切せず、「スタートからゴールまで、ブランドを一緒に育てていきましょう」「広告会社は入り込んでやらないとダメなんです」と力説しました。僕は宮永さんの話を聞きながら、「それそれ！」と思っていました。

すぐに意気投合したんです。

僕は何かが生まれる前夜のような気がした。ちょっとカッコつけて言うと（笑）

吉田直樹

なぜドンキがブランディング？

ドンキの社員たちは今月の数字、もっと言えば今日の数字を追いかけて、休まず走り続けてきました。素晴らしい!!本当にそう思います。

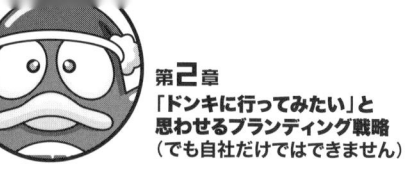

一方、時代はそれ以上のスピードというか勢いで変わってきていました。そのための新しい発想や手法が、当社には必要ということもこれまた事実でした。

そういう文脈で考えると、ＰＢはもう一皮むけないといけない。それも、今までにない、ブランディングという発想と結び付けることができたら、絶対面白いことができるのにな

――。

ドンキ内では、ブランドといえば高級ブランド品というくらいのイメージ。会社がブランディングに力を入れると聞いて、社員たちは「何でドンキがブランドなんですか?」と不思議に思ったんじゃないですかね。ブランディングは、それまでドンキがやってきたことと、全く異なるゲームだったからです。

〝NG〟だった大手広告代理店とのコラボへ

話は飛ぶんですが、ドンキは小さな会社から始まって、小売業に特有の低利益率でコツコツやってきました。今でもそうですが、販管費のコントロールというのは、当社がずっと培ってきたノウハウで、しっかりした利益を稼ぎ出すためにも、不可欠な要素です。

そんな当社で、「絶対に関わってはいけない」と言われていた神話がありまして、それは、販管費に大きな影響を与えそうな(笑)、大手広告代理店、大手情報システム企業、そしてコンサルティングファームと付き合うことでした。

ドンキは、いわば「自前主義」だったんですね。しかも、ドンキに根づいているのは、独特過ぎるくらいの企業文化。「僕らのことなんて、誰もわかってくれないよ」という居直り意識すらありました。

実際、外部の方が当社のことを理解するのはなかなか厳しいと思います。僕自身、入社したものの、このカイシャのぶっ飛んだやり方に途方に暮れたことは、本書「はじめに」で書いた通りです（笑）。

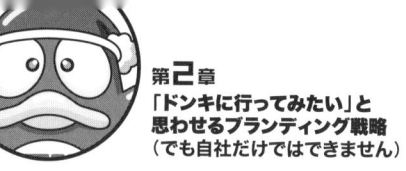

現場に権限委譲しながら、全部自分たちでやってきたので、外部の企業に、会社をそれこそ好き勝手にいじらせたくなかったんだと思います。いや、「どうせいじれないでしょ？」って考えていた、というのがより正確なのかもしれません。

それでも僕は、規模が大きくなるにつれて、ドンキは他社とコラボレーションしなければならないと考えていたんです。時代の変化、例えば、ＥＣ領域の驚異的な成長や、世の中の情報が生産者主体の発信から消費者主体の発信に急速に変わってきていること、そういった大きな潮流が、これは自社だけでは解決できない、他社とコラボしたほうがよいという僕の考えを後押ししてくれていたような気もします。

森谷にそう伝えたんですが、まさか博報堂を選ぶとは思っていませんでした。だって、絶対に関わってはいけないとされていた大手広告代理店のうちの1社だったので（笑）。まさに絶句。

しかし、もう決めてきたんだから仕方ありませんし（笑）、それと同時に、僕は、このコラボレーションによって何かが生まれる前夜のような気がしたんです。ちょっとカッコつけて言いますと（笑）。

第2章 「ドンキに行ってみたい」と思わせるブランディング戦略（でも自社だけではできません）

ヒットメーカーの“好き勝手”秘話 1

世の中にない“ヤバい商品”を次々放つ食品開発の鬼才

渡辺友成

6MDフード&リカー
PB企画開発
サブマネージャー

2004年4月ドン・キホーテにメイトとして入社。06年12月に中途入社後、様々な店舗を経験。14年4月地域スポット商談部、15年7月本部MD、19年02月SPA推進室に異動、商品の開発に携わる

ヒット商品のためなら嫌いな食べ物も何のその

渡辺友成は、ドンキで作るお菓子の開発の8〜9割に関わるという、社内ヒットメーカーの一人。コロナ禍以前は、海外で開かれる食品展示会にもよく足を運んでいたそうだ。コロナ禍になる直前、タイで開かれた食品展示会でのこと。あるお菓子を目にした渡辺は心の中で叫んだ。

「こんな商品が世の中にあるんだ！」

それが「しいたけスナック」との出合いだった。

「これは日本人の概念を覆す商品だと思いました。ドンキの考え方に『創造的破壊』というのがありますが、まさにそれです。ヒットの大前提は『世の中にない商品』であること。日本には、しいたけをスナックにするという概念がそもそもないですよね。これは絶対に売れると確信しました」

渡辺は当初、その商品を日本に輸入しようと考えた。ところが調べてみると、日本では使えない調味料などが添加されており、輸入が難しいことがわかった。

「それならつくってしまえ!」

渡辺は開発に取りかかった。だが、スナックにするしいたけ選びは、渡辺にとって地獄のような日々だった。というのも、渡辺は大の〝しいたけ嫌い〟だからだ。

「日本では、しいたけはだしに使われるなど、どちらかというと上品な味付けのイメージが強いですよね。私はジャンキーな味付けにしようと、最初から決めていました。日本のしいたけを使って試作してみたら、スナックに合わなかったんです。しいたけのだし感が強く出てしまい、ジャンキーな味付けとケンカしてしまいました。この時点で、企画をやめようかと思いました。もうそれ以上、しいたけを食べたくなかったからです(笑)」

それでも、米国やオーストラリア、欧州など各地からしいたけを取り寄せた。その結果、中国のしいたけが小ぶりで香りが薄く、最もスナックに合うことがわかった。

商品起案会議でダメ出し続出、ふたを開けたら月販1億円

「しいたけなんて嫌いな人が多いカテゴリーで売れるの?」

「しいたけスナック」。しいたけ嫌いの渡辺が開発した、月販1億円を超えることもあるという情熱価格の大ヒット商品

「そもそもしいたけ嫌いはしいたけを買わないでしょ」

「598円は高いでしょ」

「しいたけスナック」の商品起案会議では、ダメ出しが乱れ飛んだ。

「お客さまに買っていただく以前に、まずお店の人に『これは仕入れたい』と思わせるものでないと、ドンキでは商品として成立しません。仕入れという名の『購入』をしてくれるのは、現場の担当者だからです。現場の担当者の心を動かさない商品は、その先のお客さまにも響きません。例えば、ジャガイモを揚げたスナックでは誰

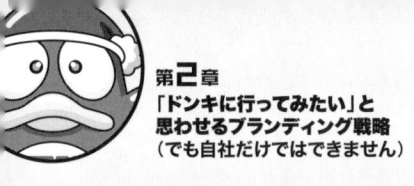

も拡販しようとは思わないでしょう。そんな商品は、すでに市場に山ほどあるからです。その点、しいたけスナックはまだ世の中にないので、店舗で拡販しやすい商品です。私は、月1000万円くらいは売れると確信していましたが、それではハードルが高くて、企画が通らない可能性が高い。あえて月販500万円と低めに見積もって、何とか商品起案会議を通しました。月販500万円は定番商品としては妥当な額です」

ニュース文言で工夫したのは、「しいたけ嫌いが食べられる」という要素に加えて、パッケージに「しいたけ」という文言をどれだけたくさんちりばめるか。

「しいたけスナック自体がよくわからない商品なので、パッケージに関してもよくわからないような表現で終わらせようとしました」

ニュースの締めの文言はいろんな案があった。「しいたけのどんでん返し」「しいたけの扉が開く」などだ。最終的に「しいたけの大逆襲」になった。

しいたけが嫌いな人でも食べられることを伝えるために、全店舗にサンプルを配った。

「恐らく、実際に食べた買い場担当者が『確かにこれは売れそうだな』と思って売り始めたのでしょう。逆に、しいたけ嫌いの担当者は『俺はしいたけが嫌いだから売らない』というケースがあったかもしれません。そこは権限委譲されているので真相はわかりませんが……」

ふたを開けたら初月から８００万円くらい売れた。「これは売れるぞ！」となったら、「こんなの売れねえよ」とそっぽを向いていた買い場担当者も心変わりして、積極的に売ってくれるようになり、どんどん他店に広がっていった。

２０２１年11月に発売後、売り上げは２カ月目に１０００万円を超え、３カ月目くらいに２０００万円に到達。「これはちょっと原料が足りないぞ」という状況までになった。

「現在は月販８０００万円くらいです。テレビで取り上げられると、月販１億円を超えることもあります。当初予定していた金額の20倍ですね」

鍋つゆの色が〝カラフル〟で何が悪い

しいたけスナックで大ヒットを飛ばした渡辺は、２０２３年10月、衝撃的な商品を世に送り出した。その名も「カラフルな鍋つゆ」。これは、「蒼海のブルー」「慈愛のピンク」「電撃イエロー」という、想像をかき立てられる、いや、想像を超えるような色の鍋つゆが３種類

「カラフルな鍋つゆ」。色は蒼海のブルー、慈愛のピンク、電撃イエローの3色。まさに「常識を打ち破る見映え」。カラーでお見せできないのが残念……

入った商品。一見、大丈夫か?と心配になるほど、強烈な色だ。

「原宿を歩いていて思い浮かびました。色とりどりの飲み物が目に入ったとき、何か他に使えないかと考えたら、おでんを思いついたんです。しかし、大根が青くなると気持ち悪いですよね。それで鍋つゆにしました」

その色から受ける印象とは裏腹に、ニュース文言だけ読むと、非常においしそうだ。蒼海のブルーが「魚介ベースに、国産鶏だしを加えてコクと深みが効いた魚醤の旨味は母なる海を感じる」。慈愛のピンクが「厳選した国産鶏だしをベースにニンニクと生

姜をやさしく配合　隠し味に鶏油を効かせ仕上げた」。そして電撃イエローが「国産鶏だしと昆布の旨味にレモンの爽やかさと香味野菜でコクを加えた爽快な酸味」となっている。

だが、ここからのハードルは高かった。製造委託先に打診したものの、案の定、「何言ってるんですか?」と10社くらいに断られた。それでも、何とか委託先を見つけた。

「見た目はカラフルですが、味はおいしいですよ。創業100年を超えるしょうゆ屋さんがつくっているんです。もう、言っていることもやっていることも、よくわからないですよね(笑)。本当に好き勝手にやらせてもらっています。そうでないと、カラフルな鍋つゆなんて開発できません。他の企業だったら、きっと企画した時点で『何を考えてんの?』と言われてボツになるでしょう。正直、これを商品会議で通せたんだから、ドンキではもう何でも通るだろうと最近思っています」

渡辺が実感しているのは、やはりドンキならではの権限委譲だ。

「ただ、好きなことをやれる半面、それに伴い責任があります。数字は絶対です。だからいい部分もあれば怖い部分もあります」

とがった商品ほど起案会議を通りやすい、というのが渡辺の見立てだ。普通の商品のほうが起案会議で突っ込まれるそうだ。

「とがった商品を面白がれる文化が、ドンキにはあると思います」

売れないより、売れ過ぎがつらい？

渡辺は元々メイトだった。社員になり、10年くらい買い場の担当だった。実は買い場時代にも、ヒットメーカーの片りんを見せている。

「他店で売っていないような商品を見つけてきて、売り上げの異常値をつくって、他店に横展開していくのが好きでした」

例えば、今なら当たり前のようにいろんな店に並んでいる「アーモンド小魚」。15年くらい前はスーパーにもそれほど置かれていなかった。渡辺は横浜西口店にいたとき、198円のカップ入りアーモンド小魚を1日100個、月間で60万円売った。すると、他の店舗にも商品の存在が知れ渡り、広がっていった。

年間10億円以上を売り上げる「素煎りミックスナッツDX(デラックス)」も渡辺が開発した。次はどんな“ヤバい”商品を世に送り出すのか

「開発部門に異動したのは、単なる辞令です。自ら開発に行きたいと希望していたわけでもありません。これ、〝ドンキあるある〟です」

ヒットメーカー故の、ぜいたくな悩みもある。

「実は、売れなかったときより、売れ過ぎて供給が追いつかないときのほうがつらい。『何でこっちに回ってこないんだ?』と、全国から電話が殺到します。突然、社長が出てくることもあるんですよ(笑)」

ドンキらしい驚きの商品を次々と開発している渡辺だが、バランスが大事だと説く。

「世の中にない商品を、店舗も消費者も一

定は欲しているとは思いますが、それだけを追いかけてしまっては、ただの一発屋で終わります。私はしいたけスナックやカラフルな鍋つゆのような商品ばかりでなく、素材のこだわりを押し出したような、見るからに真面目な商品もたくさん作っているんですよ。確かに、とことんとがらせた企画の商品は、一見フザけているように見えるかもしれません。でも、実はどれもみんな大真面目なんですよ」

（敬称略）

第3章

「ドンキらしさ」の正体

このプロジェクトに従来の方法論は通用しない

ドンキと「情熱価格」の距離が離れている

宮永充晃

今回の「情熱価格」というブランドを考える上で、私が最初に考えたことがあります。それは「単純にクリエイティブをつくっていく方法論ではうまくいかない」ということでした。

「情熱価格はドンキにとってどのような存在価値があるのか？」

「ブランドとしてお客さまに対してどのような価値を提供すべきなのか？」

というブランドの存在理由を問い直すのは当たり前。そのブランドがドンキのＤＮＡとして息づくようにしなければなりません。そのために、単にクリエイティブを手掛けるだけでなく、情熱価格の企画開発プロセスにまで深く入り込んで、商品企画を考える会議体やフォーマットまでを変えることに着手しました。

「ドンキと情熱価格の距離が大きく離れているのではないか?」。これが、私がドンキを担当することになって最初に感じたことでした。そこで森谷さんとは「別にこれ、ドンキじゃなくてもいいよね?」「これじゃ、お客さまにとってドンキとイコールにならないじゃん」といった議論を、何度も交わしました。

なぜ、会社とPBの距離が問題なのでしょうか? お客さまは、ドンキの店舗に対して「いろんな商品が所狭しと並んでいて、楽しい場所」という期待感を抱いています。それなのに、お客さまは店頭で情熱価格を楽しい気持ちで手に取っているわけではありませんでした。これは、危機的な状況です。

例えば、自分へのご褒美として、少し高いカフェで紅茶を飲むとします。そのとき大切なのは、「ご褒美という気持ちを満たしてくれるお店の体験」そのものです。この「体験」には「おいしいこと・雰囲気が良いこと」はもちろんですが、「価格」という視点も含まれています。つまり「あ〜、やっぱり良いものなんだな」と納得できる「価格」ということです。

お客さまが求める「ご褒美」という期待感に対して、カフェが提供する「紅茶の味・雰囲気・価格」が適合していることがとても大切だと思っています。繰り返しになってしまいますが、大切なのは、お客さまが求める期待値に適合しているか否かだと思っています。「自分へのご褒美」―（ゆっくり味わいたいから）―雰囲気の良いカフェ」「友達とたくさん話したい」―（たくさんお代わりするから）―ドリンクバーがあるファミレス」――これは顧客の期待値と提供価値が合致しています。もし逆なら「何か違うなぁ」と思うかもしれません。それは、お店と提供価値（商品）の距離が離れているからです。お客さまが期待するブランド像と提供する商品の価値が近いことこそが、顧客にとって良い体験になるのです。

このように考えると、会社とPBの距離が離れていると、お客さまが「このPB商品が欲しい」と名指しで来店するようなことはありません。そうなると、生活圏内にある他のGMSやスーパー、ドラッグストアと価格勝負にならざるを得ません。

価格勝負とは安さの消耗戦。その先に待っているのはジリ貧です。「安いから」という理由だけでなく、「楽しいブランドだから」という動機でドンキに来ていただけるようにしなければいけないと考えました。

ＰＢのブランディングには苦しんでいましたが、ドンキ自体のブランディングは確立されていました。ドンキのイメージをいろんな知人に聞いてみても、街頭インタビューをしても、「ゴチャゴチャしていて楽しい」「安いよね」という反応でした。人によってプラスに取るかマイナスに取るかはありますが、ストアイメージは強い。このドンキ自体のブランドに、情熱価格というＰＢのブランドを近づけていくという発想です。

ドンキとＰＢの距離を縮めることによって、もう一つ効果があると考えました。それは、店長も、買い場担当者も、アルバイトも売りやすくなることです。情熱価格がドンキのブランドとしてお客さまから支持されれば、買い場担当者が店頭にＰＢ商品を並べようというインセンティブが働きます。買い場に占める割合が高まれば、お客さまの認知度も上がるといういい循環が生まれます。

かつてＰＢは粗利が高いというのが大きな導入理由でした。しかし、きちんとブランディングすることによって、粗利以外でも買い場担当者が情熱価格を買い場に並べる理由をつくれると考えました。ただ、それまでの人々が抱くドンキのイメージを、プロダクトでどう表現するかは難題でした。

コアとなる価値は「驚きの面白さ」

当時、大手ＧＭＳのＰＢは、いつでもどこでも手に入るような汎用品を安心して買えるという、圧倒的なポジションを確立していました。それに比べて情熱価格は、明確なポジションがありませんでしたし、認知度でも負けていました。

情熱価格のマーケティング戦略を考えていくときに大事だと思ったのは、ドンキならではの楽しさを見極めて、それをＰＢと合致させることでした。単純にお客さまのニーズだけを捉えて、それに沿った商品を世に出してしまうと、きっとＧＭＳのＰＢと同質化してしまいます。少しばかりドンキっぽいパッケージにしたところで代わり映えしません。

ドンキは買い場だけでなく、商品自体の中身も面白くなければいけない。それができれば、品質や価格とは違う、他社にはない独自の第三軸を確立できます。第三軸をつくらないと、顧客から見たときに埋もれてしまいます。つまり、視認性がないということです。視認性がないというのは、顧客から見えていないも同然です。

「帰り道にドンキがあるから寄っていこう」ではなく、あえてドンキを選ぶといった第三軸をきちんと可視化していくことが、マーケティング戦略で問われました。そのときに可視化するよりどころは、ドンキのコア価値であるべきだと考えました。

「驚きの面白さ」――。これが答えです。

面白いＰＢにするしかない。毎日の買い物が楽しくなるようなＰＢの確立を目指したのです。

ドンキの情熱価格が誕生したのは２００９年でしたが、リニューアルを検討し始めた２０２０年ごろには、すでにＰＢは珍しいものではありませんでした。

「プライベートブランドって、不思議な言葉ですよね」

リニューアルのプロジェクトに取りかかったころ、森谷さんとそんな話をしていました。品質の良さや価格の安さはブランドではありません。吉田社長が述べたように、ブランドとは、それ自体の特別な固有名詞をいかにつくっていくかということ。言い換えれば「らしさ」です。

ＰＢをブランドとして確立させている企業がある一方で、単に安さと品質の良さをアピールするだけのマークと化している企業がありました。ドンキがまさに後者でした。単にデザインをそろえて、少しばかり品質の良さそうなものにしたり、価格をとにかく安くしたりといったことではなく、いかに「ドンキらしさ」を反映させられるか。この問題意識がＰＢリブランディングの起点になりました。

ドンキらしさを巡る果てしなき議論

ＰＢのリブランディングに着手した当初、「ドンキの構成要素って何だろうか？」について、森谷さんらと議論しました。

「ワクワク、ドキドキだよね」「それってどこから来てるの？」――。こんなやり取りを果てしなく繰り返しながら、半年くらいずっと掘り下げていきました。

そもそもドンキには「ＣＶ＋Ｄ＋Ａ」というコンセプトがあります。

「ＣＶ」はコンビニエンス、便利さのことです。日用品から食品、家電、高級ブランドまで、豊富な品ぞろえに加えて、多様な立地での店舗展開や長時間営業によって便利さを提供して

ドンキの「CV+D+A」コンセプト

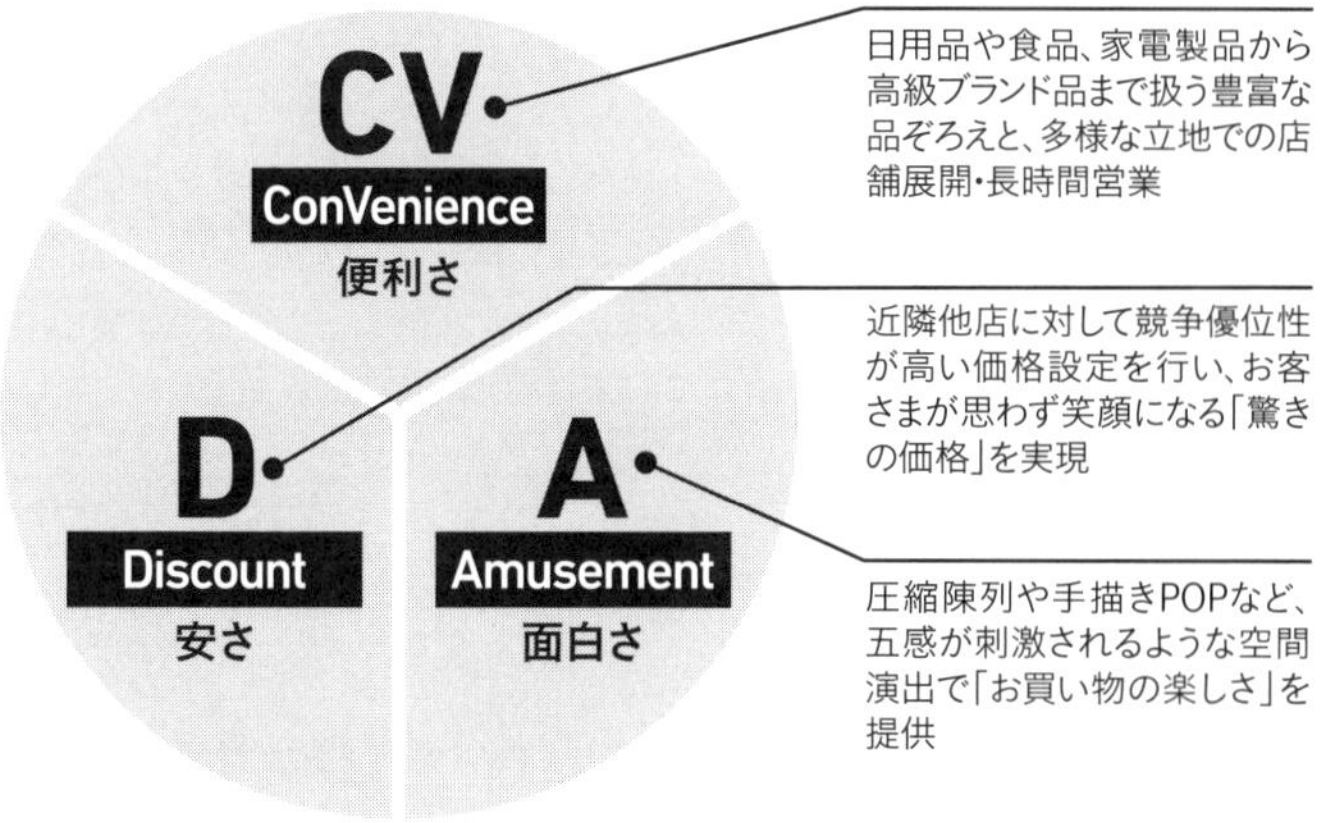
CV
ConVenience
便利さ
D
Discount
安さ
A
Amusement
面白さ
日用品や食品、家電製品から高級ブランド品まで扱う豊富な品ぞろえと、多様な立地での店舗展開・長時間営業
近隣他店に対して競争優位性が高い価格設定を行い、お客さまが思わず笑顔になる「驚きの価格」を実現
圧縮陳列や手描きPOPなど、五感が刺激されるような空間演出で「お買い物の楽しさ」を提供

画像提供：PPIH

います。

「Ｄ」はディスカウント、安さです。商圏内の他店に対し、競争優位性が高い価格設定によって「驚きの価格」を実現しています。

「Ａ」はアミューズメント、面白さです。圧縮陳列や手描きＰＯＰなどによる五感を刺激する空間演出で、買い物の楽しさを提供しています。

私たちは、このＣＶ＋Ｄ＋Ａをひもときながら、「他の小売業との違いはこういうところにあるよね」という話を延々としていました。ドンキが他社と違う〝変なところ〟はどこなのか？　森谷さんたちとずっと話していると、聞こえてくるのは「価格が違うんですよ」「仕入れも違うんですよ」といった話。突き詰めれば「同じお店は一つもない」ということです。こんなドンキの基礎情報にいちいち驚かされていました。

ドンキといえば圧縮陳列をイメージする方が多いと思います。しかし、圧縮陳列も店舗によって全て色合いが異なります。置いている商品も、置き方も店舗によって千差万別です。

こうした長い議論のトンネルを抜け、私たちの目には、現場の人たちが自分たちで店頭を編集して、常に驚きを街に提供し続けていることがドンキらしさだという答えが、はっきり見えてきたのです。

「まだ、格好つけちゃってますね」

苦労はしましたが、情熱価格の進むべき道は見えました。その上で、新しいデザイン案を森谷さんに見せたときに、このように言われました。

「まだ、格好つけちゃってますね」

あれだけ議論を重ねたのですから、私はドンキっぽい感じがどのようなものか理解はしていました。しかし、思い返すと、まだ格好つけていたと思います。

ブランドの一番大事な要素は視認性です。視認性を突き詰めると、物事をどう整理するかということです。商品を店頭に並べたとき、商品のロゴの位置を含めて見え方を整理するのが極めて重要です。

そんな意識がありましたから、情熱価格リニューアルの最初の段階では、ドンキらしさを踏まえながらも、ブランドとして成立させるため視認性を高めるような、整理されたデザインにしました。結果的に、それが格好つけているように見えてしまったのでしょう。

つまり、「整理し過ぎた」ということです。

そもそもドンキの良い点は、格好つけないこと。実際には買い場はよく練られてつくられていますが、パッと見は整理されていません。圧縮陳列でガチャガチャ散らかっているようにさえ見えます。その良さを、デザインによってどう表現するかを議論していきました。

視認性が大事だといっても、ブランドは見た目だけで決まるわけではありません。ドンキの店舗の人たちが「あ、ドンキっぽいじゃん！」と乗ってきやすく、なおかつお客さまから応援されるような見せ方を模索しました。

ドンキらしさを表すのは「ド」しかない！

森谷健史

「ド」のブランドロゴに一目ぼれ

僕には、ずっと心に引っかかっている言葉がありました。それは、第1章で紹介したブランド調査の結果を見た安田会長が「ドン・キホーテのストアイメージと情熱価格は合っていないだろう」と、ズバッと指摘したことでした。

「ストアイメージに合わせるとなると、今っぽいものじゃなくて、もっと泥臭くて、リテールの汗臭いような感じが漂っていないとダメだよね」

宮永さんとは、そんな議論を重ねていました。正確には覚えていませんが、私が「まだ、格好つけちゃってますね」と宮永さんに言ったのは、新ブランドのロゴを決めるときだったと思います。

ハイブランドのようなセンスのいいものでも、コンビニがつくるシュッとしたものでもない。ドンキらしさを表現するものでないと、ブランドロゴとして認められないという話をずっとしていました。

例によって宮永さんと禅問答を繰り広げていましたが、いつまでも続けているわけにはいきません。「さすがに今日決めないとマジでヤバい」というタイミングで、ミーティングが開かれました。

宮永さんら博報堂側の〝ゴレンジャー〟とドンキ側のＰＢデザインチームが協業して、５つくらいの案が出そろいました。

こういうとき、１案目は本命ではないのがプレゼンあるあるですよね。ダラダラとプレゼンして、みんなのフラストレーションがたまったところで本命を出すと、通りやすいというプレゼンテクを、昔、聞いたことがあるけど……。

プレゼン資料を開くと、やはり1案目はあまりピンときませんでした。このままダラダラプレゼンが続くのか……思ったら、何だか腹が立ってきたんです。

僕は1案目のプレゼンを聞きつつ、気分が乗らないままプレゼン資料をパラパラめくっていました。すると2案目に、今の情熱価格の「ド」のマークが目に飛び込んできたんです。それを見た瞬間、「これしかない！」と思いました。

僕は1案目のプレゼンを遮って、こう言いました。

「1つ目の案はもういいです。推しは2つ目ですよね？」

「バレましたか？」

「絶対これですよ。これでいこう！」

ドンキのカタカナの1文字目の「ド」を取った、こんなクレイジーなブランドロゴは見たことありません。フォントも独特です。これならドンキって絶対にわかります。ストアイメージと商品の接着という意味では、これしかないと私は確信しました。恐らく、他の会社だったら絶対にこんなロゴは採用しないだろうけれど、うちのお客さまだったら理解してくれると思いました。

他の案ですか？　う〜ん、あんまり覚えていません。ひと通り全ての案には目を通しましたが、絶対にこれしかないと瞬間的に決めたからです。

上の許可も取らずに勝手に決定

とはいえ、当時の僕にブランドロゴの決裁権はありませんでした。まだ役員じゃなかったからです。でも、これだったら絶対にいけると思って、誰の許可も取らずに勝手に決めました。実は吉田に、「これでどうですか？」とブランドロゴ案を見せに行った記憶があんまりないんですよ……。安田会長には「これで決まりました」と持って行ったら、「お前らに任せたんだから、お前らが決めたらいいよ」というスタンスでした。

役員陣に提案する資料は、絶対に通すためにデザインチームの松本（優典）と一緒に3日間くらいかけて徹底的につくり込みました。いざ、役員陣に提案すると、賛否両論がありました。それでも、僕は「絶対にこれでいけます！」「もう決めたんで大丈夫です」という、根拠のない自信を振りかざして乗り切りました。

今、振り返ると、結構むちゃなやり方をしましたね。

旧情熱価格のマークは、商品企画担当者も買い場担当者もみんな前面に出したくなくて、商品の裏面にこっそり入れていました。しかし、新しい「ド」のブランドロゴでは、同じようなことは繰り返したくありません。これでいくからには、「一切隠さずに戦おう！」と覚悟を決めていました。

……と意気込んではいたのですが、「ド」のブランドロゴに対して、絶対に現場から賛否両論が出るなと思っていました。

新ロゴへの猛反発に覚悟を決めて放ったコトバ

案の定、反発はひどかったですね。特に商品開発者からは、めちゃくちゃ文句を言われました。

「こんなの、食品に合うわけないでしょ！」

「しょうゆやティッシュといった家の中に常備するものに『ド』のマークなんか付いていた

ら、お客さまが嫌がるに決まってるじゃないですか！」

「これ、本気っすか？」

散々な言われようでした。旧情熱価格では、商品の裏面にロゴを入れていたくらいですからね。ロゴに対するある種の拒否反応は、相当なものでした。ただ、反発は想定内でしたから、ここで折れるわけにはいきません。僕はみんなに懇々と訴えました。

「今まではそうだったかもしれないけど、お客さまがこの商品を目がけて来店する未来をつくらないと、ＰＢの拡大なんかないんだよ」

ファストファッションだって、出始めのころはダサいと言う人もいましたが、今は皆無。誰もがアパレルブランドとして認めるようになりました。

「最初はダサいと言われるかもしれない。でも、それを格好よくしていくのがオレたちの仕事なんだよ。情熱価格をブランドにしていく腹づもりがないなら、ＰＢ担当から外れてください」

僕はそれくらいのことを言っていました。もちろん、失敗するなんて1ミリも思っていませんでした。今考えると、変なゾーンに入っていたのかもしれないですね。怖いことを言っています。

同じ失敗は絶対に繰り返さない

僕は「絶対に商品の裏面にはロゴを入れさせない」と宣言していました。にもかかわらず、ロゴが決まった1年後くらいに裏面に入れる提案がありました。当然、僕は許可しませんでした。僕にも現場経験があるので、彼らの気持ちは痛いほどわかります。しかし、それを許してしまうと、情熱価格のリニューアルプロジェクトの意義自体が失われてしまいます。ここは「絶対にブレてはいけない」と思っていました。僕がブレてしまったら、また以前の情熱価格に戻ってしまいます。

旧情熱価格の失敗は絶対に繰り返さないと、僕は心に決めていました。

旧情熱価格のロゴマーク

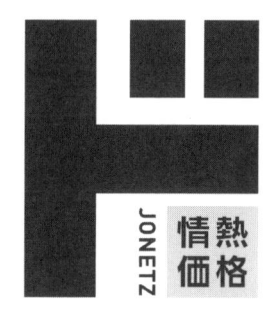

リニューアルした情熱価格のロゴマーク

ＰＢは商品戦略そのものです。大事なのは、売り上げをＰＢ商品に集中させること。利益率の高いＰＢ商品によって1品当たりの利益が上がれば、買い場のスペース効率も上がります。そのためには、必ず情熱価格をブランドとして成立させなければなりません。

商品戦略が揺らいでしまうと、情熱価格のブランドが一気に崩れてしまうリスクが高まります。だから僕は今でもブランド論になると、めちゃくちゃうるさいんです。

ヒットメーカーの“好き勝手”秘話 2

ドンキでたどり着いた「ユニーク家電開発」という天職

柄澤喜行

1MD
デジタル&バラエティ
PB企画開発
商品開発アドバイザー

2009年6月ドン・キホーテに中途入社。中野駅前店、中目黒本店、新小岩店、行徳駅前店を経て本部配属。現在、家電のオリジナル商品開発に従事

「テレビのようでテレビじゃない!!」

柄澤喜行は、かつて販売価格1万9800円の格安ノートパソコンや、6万円を切る格安4Kテレビといった、価格破壊モデルの家電商品を開発してきた。どれも相場よりも圧倒的に安い価格が、お客さまに驚きを与えてきた。

そうした中、2021年12月に発売した「チューナーレス スマートテレビ」は、「テレビを視聴する」というライフスタイルにまで踏み込んで企画されたという点で、柄澤が手掛けた従来の価格破壊モデルとは一線を画している。

「価格の安さではなく『価値』を創造したいという思いで開発しました。着想を得たのは、私自身のライフスタイルでした。私は大のドラマ好き。毎シーズン、おかしなくらいドラマを見ているんですね。ただ、テレビドラマは早いと夜9時から始まりますが、残念ながら仕事で放送開始までに家に帰れないことがあります。そこで、インターネットの見逃し配信でドラマを見ていました。ふと気づくと、リアルタイムでテレビを見なくなっていたんです」

柄澤は周りの人たちに話を聞いたり、ネットで検索したりして調査を進めていった。すると、テレビをリアルタイムで見ないのは、決して自分だけではないという生活実態が浮き彫りになってきた。

「それなら、いっそのことチューナーを外して、インターネット動画配信専用のテレビをつくっても十分勝算があるんじゃないかと考えたんです」

開発に取り掛かったものの、早々に思わぬ壁にぶち当たった。

「2019年に企画したのですが、当時、米グーグルのライセンスの関係上、Android（アンドロイド）OSの搭載が極めて困難な状況でした。世の中にないものは、簡単には作れないんですね」

試行錯誤の末、何とか作り上げたのがAndroid OSを搭載しない「チューナーレス液晶テレビ」だった。そのままでは動画コンテンツを楽しめないので、アマゾンの「Fire TV Stick（ファイヤーTVスティック）」やグーグルの「Chromecast（クロームキャスト）」といった、他社のデバイスと組み合わせて使う仕様にせざるを得なかった。そんな〝妥協の産物〟であっても、柄澤には開発者のプライドがあった。

「これだと単なる液晶モニターだと言われかねませんが、〝テレビ〟と銘打つ限りはこだわ

買い場で目を引く「チューナーレス スマートテレビ」。柄澤は新しい価値を創造したいという思いで「チューナーレス」を実現した

りがありました。リモコンを付けたんです。遠くからでもテレビのように電源のオンオフや、音量の上げ下げなどができるようにしました」

この初代チューナーレステレビは32型で税別1万9800円と安かったが、思ったほど売れなかった。しかし、それがかえって柄澤のやる気に火を付けた。「いつか正真正銘のチューナーレステレビをつくってやる!」と闘志をたぎらせ続けながら、柄澤は開発の手を止めることなく、製造委託先のメーカーと話し合いを重ねていった。

2021年、ついにその思いを実現する時が訪れた。グーグルがAndroidのライセンスを緩和したのだ。

「つくるならこのタイミングしかない！」

構想から約2年半、ようやくAndroid OSを搭載した「チューナーレス スマートテレビ」の発売にこぎ着けた。これには消費者もすぐさま反応した。2021年12月の初回生産6000台が、1カ月ほどで完売した。その後も売り上げを伸ばし、累計で5万台を突破する大ヒット商品になった。

「厳密に言うと、チューナーレステレビはテレビを名乗れないんですよ。テレビとは、本来はテレビ放送の受信機を指す言葉です。しかし、チューナーが入ってない新しいスタイルのテレビだと伝えたくて、あえてテレビというネーミングにしました。みんなで考えた驚きのニュースは、『テレビのようでテレビじゃない!!』。まさに私たちのこだわりを表現したフレーズになったと思います」

人々のちょっとした生活の不満を解消したい

柄澤が手掛けた商品で最近ヒットしたのは、２０２３年12月に発売したスマホと連動する耳かき「スマホ連動イヤークリーナー」だ。

「耳の中は自分では見えません。しかし、何となくカサカサしていて、まだ取り残しがあるのではないかと気になりますよね。この商品なら、耳かきの先端に付いたカメラで耳の中の映像をスマホで見られるんです。思い残すことなく、耳の中をきれいにできます」

「耳の中まる見え　ごっそり取れて超爽快」のキャッチコピーで売り出すと、ＳＮＳでバズって売り上げが伸びた。

２０２３年7月に発売した「icelady（アイスレディ）ヘアケアアイロン」も、ヒット商品の１つだ。

「ヘアアイロンは、髪の毛を熱して型を付けるので、髪の毛をやけどさせるようなものです。だから使えば使うほど髪が傷みます。我々がメーカーと共同開発したのは、遠赤外線の力で髪の毛を修復しながらセットできるという商品。使えば使うほど髪の毛が美しくなるという逆の効果をうたったら、大ヒットしました」

ユーザーの「ヘアアイロンを使いたいけど、どうしても髪が傷んじゃうのよね」という不満を解消したことが、ヒットにつながった。

「私は常日頃、他の人がどういうライフスタイルなのか、気にしていろいろ聞くようにしています。例えば、私はヘアアイロンを使いませんが、女性に聞くと、どうしてもヘアアイロンによる髪の傷みが気になるとのことでした。耳かきの物足りなさについても周りの人間に聞きました。それと同じように、大切にしているのは、他人のライフスタイルにどれだけ関心を持てるか。その上で、自分ならどう感じるかを、常に考えるようにしています。自分が生活者の目線にならない限り、いいものづくりはできません」

研究熱心な柄澤は、自分の担当ではないカテゴリーの商品開発資料にも積極的に目を通す。

「『ごまにんにく』も『しいたけスナック』もおいしいですよね。食品チームは発想が豊か。ライバル心を燃やしています（笑）」

テレビＡＤも経験、家電を作りたくてドンキへ

２００９年に中途入社した柄澤にとって、ドンキは４社目だ。１社目のテレビ番組制作会社のＡＤ（アシスタントディレクター）を経て、２社目となる東京大学の大学生協では、研究室で使うハイスペックのパソコンを販売していた。３社目は、映像関係のレンタル会社で法人営業を担当した。

「ドンキに入社しようと思ったきっかけは、聞いたこともないようなメーカーの家電が、店頭にたくさん置いてあるのが気になったからです。調べてみたら、オリジナルの家電を作っていることがわかりました」

柄澤は採用面接時、「ゆくゆくはオリジナル家電に携わってみたい」と話したら、面接官に「君、珍しいこと言うね」と返された。

ドンキに入社後、最初の配属先は中野駅前店の家電コーナーだった。前職で培った営業スキルがある柄澤は、家電製品の延長保証サービスを売りまくって上司の目に留まり、本社（当時）に併設された中目黒本店の立ち上げメンバーとして、家電のセカンドポジションに抜てきされた。

その後も何店舗か経験して家電販売で実績を上げつつ、「ゆくゆくは家電を作ってみたいんですよ」と上司に訴え続けていた。その念願がかなって、家電の開発部門に異動した。

商品に懸ける思いを伝えに中国へ

「開発の仕事は、本当に自由にやらせてもらっています。格安4Kテレビにしても、チューナーレステレビにしても、会議で全員が賛成したわけではありません。『本当に売れるの?』という懐疑的な意見もありました。それでも、自分たちはどうしてもチャレンジしたいと会社に宣言して、任せてもらえました。たとえ反対意見があったとしても、開発担当者の強い意志があれば、企画が通ることがあります。商品開発の仕事は権限委譲の連続です。社内には家電好きが多いので、毎回議論がヒートアップするんですよ(笑)」

柄澤は年に数回、中国へ足を運ぶ。多いときは半年に10回も中国へ渡ったことがあった。家電を製造する工場があるのは主に中国だからだ。

ユニークな家電を次々と生み出す柄澤。発想のベースは「他人のライフスタイルにどれだけ関心を持てるか」にある

「通常、中国の工場とは電話やメールでコミュニケーションを図っていますが、自分たちの商品に懸ける思いを伝えるため、中国の工場の社長や工場長らに直接会いに行くんです。すると、相手も私たちに共感して、信頼してもらえます。だから、工場へ足を運ぶことを大切にしています」

転職を繰り返してきた柄澤にとって4社目となるドンキだが、これまでで最も長く勤務している。

「家電の開発は面白いですね。いろんなアイデアをカタチにできるからです。お客さまからも『これは面白い商品！』といった反響があると、うれしいものです。この仕事が、自分に一番合っているのかもしれません」

（敬称略）

第4章

「驚き」と「正直」ドンキらしい情熱価格にする方法

表現の終着点は整理学を超えたドンキらしさ

〝変なワード〟が生む違和感がドンキらしさ

宮永充晃

当時、森谷さんと私と博報堂のプロデューサーの3人で、週3～4日、3時間くらい議論していました。ドンキの幹部のみなさんの合意を得るためにプレゼンして、決着がついたのがPBのリニューアルに着手してから6カ月後でした。実に半年間も議論していたのです。たどり着いたのは、ありがちな整理学を超えたドンキらしさでした。いわば、アミューズメント型の楽しいPBです。楽しいとは、情熱価格のパッケージに記載した文言をぱっと見て、面白かったり、気になる商品だなあと思ったりすることです。宝探しのように、パッケージの文言から〝変なワード〟を見つけるのも、新しい情熱価格がもたらす一つの面白さかもしれません。

実はこの、変なワードというのが結構大事なんです。

ＳＮＳを見ていたら、「素煎りミックスナッツＤＸ（デラックス）」について「黄金の究極比率って、どういうこと？」といったつぶやきがありました。これこそ私たちが求めていた、ドンキに対する突っ込みです。整理し過ぎて正しいことだけ伝えると、突っ込みどころがなくてスルーされるでしょう。「そりゃそうだよね」という当たり前の話は、顧客からしたらどうでもいい。

「それって、どういうこと？」

「何でそうなるの？」

「何かヘンだよね」

そんな違和感が、ドンキらしさなのです。整理されているけれども、整理され過ぎていないという落としどころが見つかったのです。

パッケージは「驚きのニュース」を届ける誌面

「今のドンキをどう思っているのか？」
「ドンキって何なの？」
「本当は情熱価格にどうなってほしいのか？」

情熱価格をブランディングするに当たって、私たち博報堂チームはドンキの現場社員から本社の管理職まで、多くの方々にヒアリングしました。すると、全国の店長が権限委譲によって大きな裁量を持ちながら、その地域に応じた商品構成や販売価格を設定していることが浮き彫りになりました。

「1店舗として同じ店舗はない」——。これがドンキのブランドのコアだとわかったのですね。A店は美容グッズを推す、B店は家電商品を推すといったように、地域特性に応じて、各店舗が買い場と商品を独自に「編集」していました。

買い場の徹底的な編集によって、商圏に適した驚きを届けてきたのではないか。だからこそ、驚きを感じ取ったお客さまが楽しく来店してくださっているのではないか。

「いつの時代も、ワクワク・ドキドキする」

ドンキの経営理念には、このフレーズがあります。

「驚安の殿堂」

こんな看板も掲げています。ドンキの驚きには、一般的な驚きよりも、もっと広い意味があるのではないか。それは何かを突き詰めてたどり着いた答えが「心が振れる状態」でした。

「ちょっとビックリ！」

「スゴいね！」

「この商品には、こんな思いが込められているんだ！」

こうした買い場での感情の振れ幅の創出――。ドンキは、小売業の中でも突出してこれを打ち出している業態である。ヒアリングを通して、そんなドンキらしさに改めて気づかされました。

お客さまが、心を揺さぶられるような新しい発見を期待しているのならば、パッケージを単なるパッケージと捉えないほうがいい。そこでお客さまの感情が振れるような情報を、私たちは「驚きのニュース」というワードにギュッと詰め込み、それ自体をパッケージにすることにしました。パッケージは情熱価格とドンキをつなげる接着剤であると同時に、驚きのニュースを届ける「誌面（メディア）」でもあると捉え直したのです。

ドンキの店舗には、普通ならB級として扱われるような商品を、A級商品に変身させるような提案力があります。商品の特徴を捉えて「ここがいいんですよ。だから買ってください！」という思いを、一つ一つ担当者が思いを込めて表現する。そうしたドンキらしい文化を、パッケージで表現するようにしたのです。

例えば「ライトツナフレーク　かつお　10缶パック」という商品があります。極限までコストを削減したことをきちんとお客さまに伝えるべきだと考え、パッケージにこんな驚きのニュースを記載しました。

「買い置きに便利な10缶パックにすることで
一缶ずつのラベルコストを省いた価格破壊のツナ缶」

パッケージはニュース誌面なので、情報をいっぱい盛り込んだほうが正しく伝わります。こうして誌面でもあり、ＰＯＰでもある情熱価格のパッケージが誕生したのです。

その後、ドンキ内で驚きのニュースを磨き上げる準備を徹底したこともあり、驚きのニュース自体が情熱価格の象徴としてお客さまの間に根付いていきました。また、情熱価格のさらなる成長を促すフェーズとしてテレビＣＭをスタートさせた時には、驚きのニュースがそのままテレビＣＭに使われるほど、その情報としての価値、発信力は増していきました。

商品から、驚きのニュースを探し出せ

森谷健史

パッケージの命運を握る「商品ニュース会議」

パッケージの文言を決めるために、宮永さんと始めたのが「商品ニュース会議」です。ドンキには商品の仕様や数量を決める「商品起案会議」がありますが、これとは完全に別です。商品ニュース会議では、パッケージに書かれている長過ぎる「ニュース」文言だけしか議論しません。情熱価格のリニューアル当初は1～2週間に1回程度開いていましたが、今は商品起案会議の前後に開いています。

まずは商品ニュース会議用のフォーマットを宮永さんと一緒につくりました。そこには「この商品の何が、どのお客さまの気持ちを動かすのか？」を起点に、読みたくなる情報を書かなくてはいけないというルールにしました。

そのためには、お客さまのニーズを発掘しなければなりません。開発者は、自分の直感に加えて、ＳＮＳに転がっているユーザーの感想や実際に人気の商品群などから、ニーズの仮説を立てます。

例えば「20代のキャンプ好き」といったターゲットを設定したとします。それに対して、今、開発中の商品のどこをニュースとして押し出すのか。ターゲットニーズを満たす商品特徴を、生産委託先の工場と相談した上でフォーマットに記入し、商品ニュース会議に臨みます。

「Ｈｏｗ３カ条」で顧客への刺さり具合をチェック

商品のセールスポイントを、どう顧客に伝えるかについてまとめたのが「Ｈｏｗ３カ条」です。これは（１）顧客のメリットを表現できているか、（２）アイキャッチ力があるか、（３）ストーリーに納得感があるか、の3つによって構成されています。

年間14億円を売り上げ、今なお売り上げを伸ばし続けている大ヒット商品「素煎りミックスナッツＤＸ」を例に、「Ｈｏｗ３カ条」を解説しましょう。

(1)顧客のメリットを表現できているか

「アーモンド・カシューナッツ・くるみの黄金の究極比率」の言葉で、それぞれのナッツがベストなバランスで配合されていることを、「食塩・油を使わないこだわり」の言葉で体に良いことを、「10億円」という明確な年間売上金額を入れることで、多くのお客さまに支持されているという安心感を表現しています。

(2)アイキャッチ力があるか

「10億円突破」「独断と偏見」「黄金の究極比率」というインパクトのある言葉を大きな赤字にしました。お客さまが最も欲しい情報を、大きくシンプルに表現するためです。お客さまがベネフィットを感じることを大きな文字にして、ふわっとした表現や商品名はどんどん端

情熱価格の大ット商品「素煎りミックスナッツDX(デラックス)」。「How3カ条」に従って選び抜かれたニュース文言がひときわ目を引く

に寄せていきました。普通はあり得ないかもしれませんが、極端に言えば、商品名はどうでもいいんです。

(3)ストーリーに納得感があるか

「年間売上10億円突破」「ナッツを愛しすぎた担当者が独断と偏見で決めた」というように、商品の開発秘話や裏話を載せ、お客さまに「買う理由」を先回りして提供します。

「素煎りミックスナッツＤＸ」は以前から人気商品でしたが、パッケージをリニューアルしてから、さらに売れ行きが伸びました。他にも商品ニュース会議からは、「ヤバ旨」「軽っっっっう」「理性を食欲に変えてしまう」「鼻から抜ける異常なまでのガーリックの存在感」といったＨｏｗ３カ条に沿ったフレーズが飛び出しています。

このＨｏｗ３カ条と、次の第５章で説明する「Ｗｈａｔ３カ条」を合わせた６カ条こそが、いわばドンキ流「秘伝のタレ」。ＰＢでヒット商品を生み出す源泉なのです。

担当者の常識はお客さまの非常識

商品ニュース会議では「驚きのインパクトは強いのか？」「本当にお客さまを驚かせることができるニュースなのか？」といったことを、商品スペックを含めてとことん議論します。お客さまが「おー、すごいじゃん！」と驚くポイントを起点にして、ニュースの文言を考えていきます。

驚きのスペックをお客さまに伝えるために、どういうニュースの文言にすべきか。プロである博報堂のコピーライターを交えて、コトバを磨き合っていきます。会議では、毎回10人くらいの商品開発担当者の案件を検討しますが、他の商品カテゴリーの担当者も参加して議論するのが特徴です。

自分の担当外の、いろんな商品カテゴリーの担当者が集まって、お客さまの立場になって議論していると新たな発想が生まれます。

「僕らにとってはそれって普通だけど、お客さまからしたら驚くような内容じゃないの？」

そんなニュースについて、一つ一つ深掘りしていきます。

例えば、食品の開発担当者から「この商品って、千葉や茨城の港のサバなんですよ」という説明があったときのこと。

「それって何がすごいんですか？」

「この時期に千葉や茨城の港で水揚げされたサバって、こういう理由で脂が乗っていておいしいんです」

「それ、何でパッケージに大きく書かないの？」

「業界では常識です」

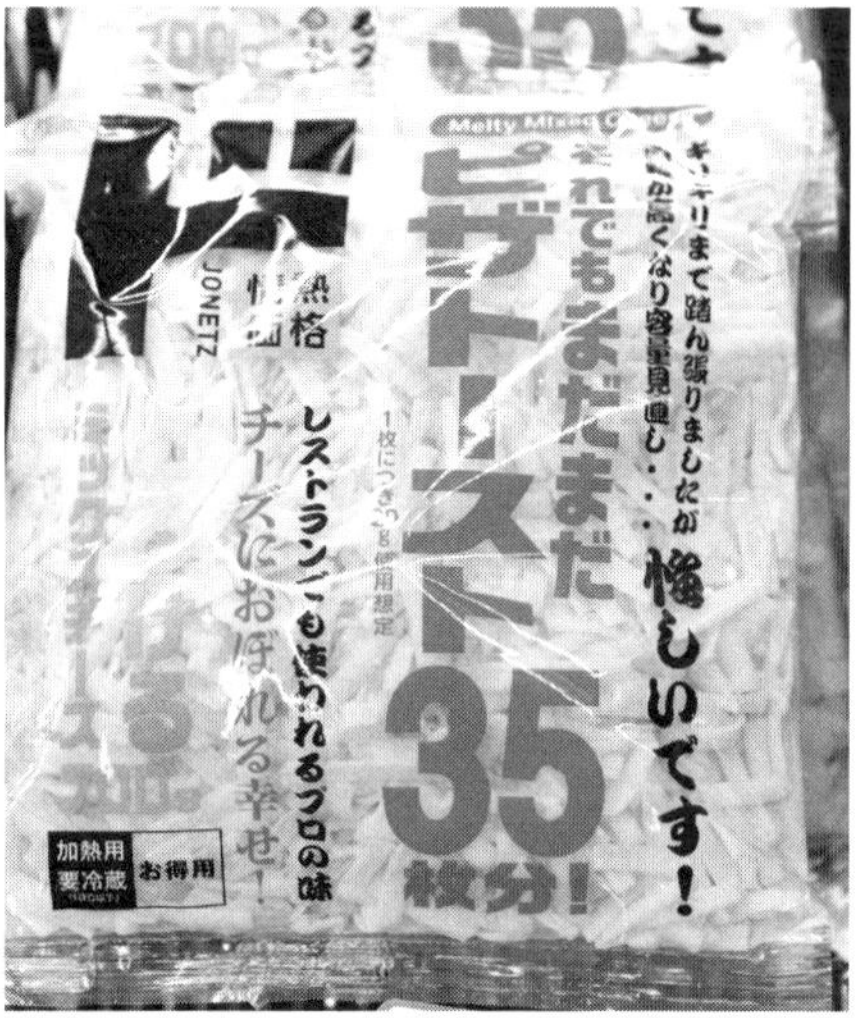

「とろけるミックスチーズ」。発売当初は1キログラム入りで、ピザトースト「50枚分」という文言だったが、現行品は700グラムに変更。ピザトースト換算は「35枚分」に修正し、パッケージには「ギリギリまで踏ん張りましたが原料が高くなり容量見直し…悔しいです！」と正直に説明

「そんなことないでしょ。知ってる人いる？　ここに誰もいないじゃん」

こうした話し合いの末に、このサバが千葉や茨城の港（千葉県銚子港・茨城県波崎港）で水揚げされたことを、きちんとパッケージに書こうという話になるんです。開発者ですら気が付かないところにニュースが隠れていることが、多々あります。

もう一つ例を出しましょう。「とろけるミックスチーズ」という商品があります。当初は「何キログラム入っています」とグラム表記していましたが、それでは初めて買うお客さまは多いのか少ないのかわからないですよね。そこで「ピザトーストに換

「かける紅生姜」。紅しょうがは刻んで添えるものではなく、かけるものという新発想。斬新過ぎる商品だけに、ニュース文言が決まるまでのハードルは高い

算すればたくさん入っていることがわかりやすい」という話になり、ピザトースト1枚当たりチーズを何グラム使うかを調べて、1キログラム入りの商品の表現を「ピザトースト50枚分！」に変えました。

商品ニュース会議を通して、お客さまが見たときに、商品の価値が瞬時にわかる表現に変えるという作業を続けていきます。

「売れる商品には、何かしら心を揺さぶる要素があるよね」

これが私たちの基本スタンスです。突き詰めていくと、どんな商品にも驚くようなニュースが隠れているに違いない。それを

探さないのは、開発者の努力不足であり、議論が足りていないのではないか。そう考えて、徹底的にニュースを掘り起こしていきます。「安いから売れるのではなくて、安いだけではない何かしらの理由があるでしょ？」ということをまず徹底的に追求していくのです。

それでも本当になかったらどうするか？　情熱価格のラインアップには加えません。

驚きのニュースは会議でこう変わる！
「かける紅生姜」のニュースができるまで

STEP1：ニュース文言【初稿】

紅生姜せんの開発者／渾身の力作／最後の1滴まで使いたくなる／万能紅生姜／牛丼、焼きそば、サラダにお好み焼き etc…／紅生姜好きが感動した究極ダレ登場！

かける紅生姜

ニュース会議での評価

・明確なターゲット設定があるはずなのに、ターゲットに刺さるキラーワードがない。

・紅生姜せんに便乗した単なる続編商品ではなく、単品を掘り下げた独自性と驚きをニュースで表現すべきということになり再考。

STEP2：ニュース文言【第二稿】

『君を待っていた』／紅生姜好きの『心の声』に応えた！／かける万能紅生姜誕生／何度も試作を繰り返し、辿り着いた／料理に美味しく絡むとろみ／牛丼、焼きそば、お好み焼き、サラダ／…etc 何にでも使える無限の可能性

紅衝撃（商品名）

ニュース会議での評価

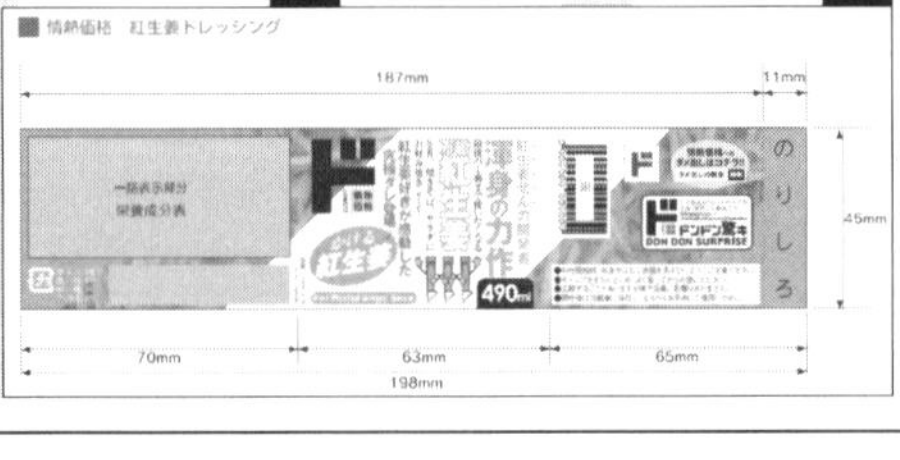

ネーミングも考案してきた→「紅衝撃」

・商品名がわかりにくい。商品名は名が体を表していないとダメ。ビーフストロガノフジャーキーの二の轍になるのでダメ。
・他の商品でも使いまわしができるような凡庸な文言。
・とろみがあるとどのようなメリットがあるのか?など、それが特徴ならそこまで伝えるべき。
・シズル感が足りない。
・紅生姜は普通、パックで売っていて、家で保存容器に移し替えたり、取り箸を用意したりと、常備しておきたいけど意外と面倒が多い。
・紅生姜好きで常にストックしておきたいターゲットに響くメリットを伝えるべき。

STEP3：ニュース文言【決定稿】

かける紅生姜登場／〝のせる〟から〝かける〟新時代へ／思い立ったら秒で紅生姜！／取り箸や保存容器の洗い物、全て過去のモノ／牛丼、焼きそば、ポテトサラダ？…アイスにも!?／紅生姜の果てなき挑戦

ニュース会議での評価

改めて顧客メリットを見直した

・他社製品には存在しない独自性。
・すぐに使える。
・保存容器への移し替えがない。
・取り箸の必要がない。
・洗い物が出ない。
・液体だから何にでもかけられる。
・最後に何にでもかけられるだけでなく、ポテトサラダやアイスにも合うことに触れ、興味を喚起、紅生姜好きな人の予定調和を排する文言を追加した。

情熱価格 かける紅生姜

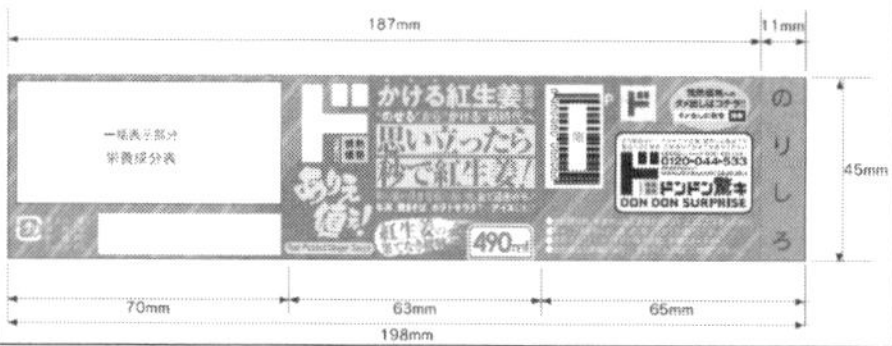

パッケージに「売り上げ」を書くたった1つの理由

宮永充晃

パッケージの認識に許される時間は最大1秒

スーパーに買い物に行ったときのことを思い浮かべてください。棚にある商品を一つ一つ凝視するでしょうか？　例えば、カレールーを買いに行ったとします。奥さんから「〇〇カレーの中辛を買ってきてね」と指定されていれば、迷わずそれを手に取りますが、そうでなければカレー棚の前に立って、何となく商品を眺めることでしょう。

そのとき、パッケージを見る時間は1秒もないと思います。多分、0コンマ何秒の世界。ふと目に留まった商品を無意識で手に取っているはずです。つまり、商品のパッケージがお客さまと商談する時間はマックス1秒。たった1秒で、どうやってお客さまに興味を持っていただくかが勝負どころなのです。

こうした発想を起点に、商品の特徴やニュースの文言を考えなければなりません。とりわけドンキの場合、1秒以内で「面白そう」「試してみたい」というお客さまの気持ちに〝刺さる〟表現がシビアに問われます。

ここで、こんな疑問が頭に浮かんだ方がいるかもしれません。

「1秒で商品特徴を伝えなければいけないのに、情熱価格のパッケージはどれも長文じゃないか！」

そうなんです。そのワケは「週刊誌の中づり広告の原理」を活用しているからです。最近は減ってきましたが、通勤電車で週刊誌の中づり広告があれば、つい見てしまうでしょう。そこには見出しがたくさん並び、いろんな文字や言葉で埋め尽くされていますが、ぱっと見ただけなのに、その中にあるキーワードのどれかに興味を持つはずです。

驚きのニュースも同じカラクリです。よく見てください。キーとなる単語は大きくしたり、色を変えたりしています。これによって長文の中のキーワードに引っかかってもらい、気になったら長文を読んでもらうという算段です。そのために、文字の大きさや強調の仕方は、博報堂のアートディレクターと徹底的に議論しながら決めています。

こうして、長文でありながら1秒以内で特徴を認識できるニュース文言をつくり上げるのです。

「市場の争点化」でお客さまのニーズを提示

私自身が、情熱価格のパッケージの太字を決める際に意識したのは、市場における新しい判断軸を示すことでした。これを私は「市場の争点化」と呼んでいます。簡単に言うと、顧客が言語化できていない本当のニーズを提示するということです。

先ほど出てきた「素煎りミックスナッツDX」を例に取りましょう。ミックスナッツを選ぶ基準は、量か値段だとみんなが思っていました。しかし、SNSに「クルミが少なくて損した」といったコメントがありました。ということは、ナッツの配合比率に隠れたニーズがあったんですね。そこで「黄金の究極比率」を太字にし、「ナッツの配合比率って、大事だよね」と、市場に新たな争点を投げ込んだのです。これが市場の争点化です。

それに対して、多くのお客さまが「え、マジ?」「それそれ」と心を揺さぶられたからこそ、年間10億円も売れるような大ヒット商品になったのです。

だから私はネーミングを考えるとき、この市場の争点化を極めて重視しています。

次はパッケージに載せるニュースです。言うまでもなく、ニュースは古くなったらニュースではありません。パッケージに驚きのニュースを載せるとなると、何より鮮度が重要です。鮮度が落ちたらそれはもうニュースではなく、お客さまにとっての当たり前になってしまいます。

では、ニュースの鮮度をいかに保つか? この課題に対する解決策の一つとして、パッケージにその商品の売り上げを記載することにしました。世の中において、上場企業の決算発表はまさにニュース。特に売り上げは、刻一刻と変化するニュース性の高い情報です。

業績が企業の価値を左右するのと同じように、売り上げが商品の価値や人気を左右すると言っても過言ではありません。個別の商品について、その売上高をわざわざ一般のお客さまに明かすのですから、大きな覚悟が求められます。

当然、売り上げをパッケージで公開することに関しては、ドンキ社内でも賛否両論ありました。「大丈夫か？　そんなことやってる会社ないぞ」という反対意見があったんですね。「これだけ売れています」というＰＯＰを掲げている会社はありますが、さすがにパッケージに売り上げを印刷した会社は、誰も見たことがありませんでした。

どこもやってこなかったのは、「売り上げは変わる」というリスクがあるからでしょう。売り上げが変化すると、ラベルの記載内容との乖離《かいり》が生まれてしまいます。パッケージに刷り込んでしまうのがお客さまに一番伝わる方法ですが、その半面、大きなリスクでもあるわけです。ドンキ社内でも、「ＰＯＰならすぐに変えればいいけど、簡単に変えられないパッケージに書いてしまっていいの？」という議論が交わされました。

それでも実現できたのは、「ラベルを変える」前提に立っているからです。

例えば「素煎りミックスナッツＤＸ」のパッケージには売り上げを記載していますが、当初は年間の売り上げが５億円でした。それをどんどん更新していき、今では「10億円突破」と記載しています。これならニュースは、ずっとニュースのままですよね。

手間はかかりますが、このようにニュースの鮮度を保つことで、お客さまが商品を発見する度合いを上げていく。それが驚きを生み、飽きさせないことにつながるのです。パッケージに売り上げを記載するのは、その最もわかりやすい事例と言えるでしょう。

しかし、売り上げは上がるとは限りません。下がることもあります。「もし売り上げが下がったらイメージダウンになる」と考えるのが一般的ですよね。しかし、ドンキは「下がりました」ということすらニュースにしてさらけ出してしまうんです。

だって、それこそがニュースですから。

「ネガティブな事実」だから
さらけ出す意味がある

吉田直樹

ごめんなさい、でも商品はちゃんとしてます

宮永さんの説明で、なぜ、僕たちがパッケージに売り上げまで記載するのかについて、ご理解いただけたんではないかと思います。ただ、それはそうなんだけど、ドンキのようにすることって、なかなか他の企業はしないですよね。

じゃあ、何でドンキはそういう発想になって、かつ突き進んじゃうのかということなんですが、よく考えてみますと、こういうことって、当社は昔からやってたんですね。

その一つが、「オネストＰＯＰ」です。オネストＰＯＰというのは、お客さまに全部ネガティブなことも含めてお伝えします……というＰＯＰで、例えば「仕入れ数の桁を間違えたので助けてください」とか、「去年売れたから今年も売れると思ったけどダメでした」といったＰＯＰを掲げて、値下げをしている商品があります。そういうＰＯＰを当社では数多く出していました。

競合ＰＯＰというのもありますが、そちらはアグレッシブに「近隣店舗に勝つ！」というスタイル。それに対してオネストＰＯＰは、「ごめんなさい……」とこんな感じですが、商品はちゃんとしてます、お願いします、というスタイルですね。

原点は40年以上前のＰＯＰ

そして、そのオネストＰＯＰにも原点があります。それは安田会長がドンキ創業以前の「泥棒市場」時代に生まれたＰＯＰです。

例えば、

「書けるか書けないかわからないボールペン10円」
「間違えて仕入れちゃいました」
今から40年以上前、こんなＰＯＰを商品に付けていたんですね。これが、オネストＰＯＰの原型です。

会長の話によれば、10円のボールペンでは興味を持ってもらえない。けれど、書けるか書けないかわからない……と言われれば、思わず手に取って、試し書きをしてみたくなる。そうして実際に書けたら、「えっ、これが10円？」というふうになるんだということでした。

ネガティブなことも包み隠さず、にとどまらず、ネガティブなことだからこそさらけ出す……そういうことなんだと思います。普通の小売業ならやらないと思いますが。

序章でお伝えした通り、僕たちは真面目だと自負しています。ただ、その実現方法は独特だと思います（笑）。そもそも商品の売り上げまでパッケージに明記しなければ、お客さまに対して正直ではないかといえば、全くそんなことはありません。だけど、お客さまはそういうことに実は興味があるんじゃないだろうか？　そういった僕たちなりのお客さまの感じ方への興味、好奇心を、さらに一歩進めて、次にお客さまに「主語の転換」をして捉え直しているんです。

そうすると、ネガティブなことも、あるいは思い切って売り上げのようなことも、POPや情熱価格のパッケージには示していいんじゃないだろうか、というオネストPOPの発想になっていくんですよね。

そういうことを、現場のみんなは毎日毎日考えてる、そして実行している、それがドンキの発想ですね。

プレゼンは「ゼロか100か」

ドンキの発想は起点段階でとがってる

宮永充晃

私にとって、忘れられない吉田社長の言葉があります。ある会議で私がプレゼンすることになっていたのですが、それに向けて、こう言われました。

「ゼロか100だけ持ってきてください」

最初から中間の50を持ってこられても、それが本当に基準になるかどうかわからないとい

うのです。極端にとがったものと全然ダメなものだと、ゼロと１００だから、足して２で割ると50になって、初めて基準ができる、とのことでした。

いきなり中庸を狙ったところで、全くとがらない。最初に飛び抜けた書き方を提示してから、ルールに基づいて落としどころを探していくと、良い言葉になっていくのです。

例えば、商品起案会議のスタートでは、その商品にＧＯサインを出すかどうかを投票します。この投票の基準は「本当にこれでお客さまを驚かせられるのか？」。売れるか売れないかも大事ですが、重要指標は「驚きがあるの？ないの？」です。最初から中庸を狙っていっても、まず会議では評価されません。

実際、過去にメーカーのまね事のような、格好をつけただけのＰＢ商品をつくったのですが、ことごとく売れませんでした。

ドンキの発想はそれだけ起点の段階で、すでにとんがっているということです。

書きたくても書けないギリギリのラインを攻める

法務部門のダメ出しにも簡単に諦めず

森谷健史

お客さまが知りたいことをどこまでストレートに表現できるか？

僕は、このことを極めて重視して、情熱商品のパッケージに載せるニュース文言を考えています。しかし、これが意外と難しいんですね。法令などの問題があるからです。何でも書いていいわけじゃありません。

例えば、カロリーオフをうたうドリンクがあるとします。お客さまが知りたいのは「これを飲んだら痩せるんですか？」、この一点です。もちろん薬機法（医薬品医療機器法）を順守しなければならないので、「やせる」とは表記できません。

それでも、お客さまが知りたいニュースをお届けするために、会議に出す最初の段階では、いったん法令を気にするのを抑えて、振り切った文言にしちゃうんです。そうすると、法務部門に問い合わせて返ってくるのは「ダメ、ダメ、ダメ」のオンパレード。でも、簡単に諦めるわけにはいきません。延々と法務部門とやり取りしながら、修正に修正を加えてギリギリまで攻めます。とことん主語をお客さまにして、文言を練っていくんです。

こうしたニュース会議でのプロセスを経て生み出された驚きのニュースが、店舗にあふれていき、ドンキのブランド自体がリデザインされていったんです。

ヒットメーカーの“好き勝手”秘話 3

定年を過ぎて、ますます高まる開発への情熱

野木敬郎

6MD
フード&リカー
PB企画開発

1983年9月長崎屋に入社。2000年9月長崎屋・加食MD着任。長崎屋プロジェクトでの業態変更に携わり、その後、加食MD、SPA推進部でPB、OEMの開発を担当した後、現在に至る

商品の真価は〝規格外〟にあり！

情熱価格リニューアルの第1弾のラインアップの一つに「みかん（身割れ）」という商品がある。パッケージをよく見ると、小さく「でか過ぎみかん缶詰」との表記が。その名の通り、この商品は総内容量850グラムの巨大なみかんの缶詰だ。しかし、気になるのは、あまり聞き慣れない（身割れ）のほうかもしれない。

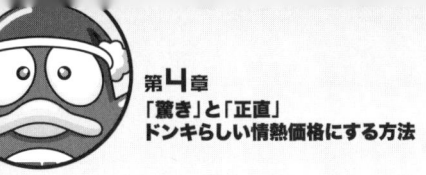

「こんなに大きいのに、何でこの値段で？」

その答えが（身割れ）だ。つまり、中に入っているのは、身が割れてしまって、通常は売り物にならないみかんというわけだ。そんな欠点を、あえてお客さまに知らせているでか過ぎみかん缶詰は、ドンキのカルチャーでもある〝バカ正直〟を体現した商品と言える。開発を担当した野木敬郎は振り返る。

「日本に輸入される缶詰用のみかんは、厳選されて粒のサイズや形状がそろっていました。規格から外れた大きさのものや身割れしたものは、日本以外の国に輸出されていたようです。この規格外のみかんを缶詰にしたら、低価格で提供できるのではないか。そんな発想が商品

2021年3月に発売した「みかん（身割れ）」。中身のみかんも規格外だが、850グラムというサイズも規格外だ

化の出発点でした」

驚きのニュースには「身割れ」「不揃《そろ》い」「形は悪い」といったネガティブワードが並ぶ。

「本当はポジティブなことばかり盛り込みたいですよね（笑）。なぜ、この価格にできたかを伝えるため、正直に書きました。もちろん傷んでいるミカンを入れているわけではないので、通常のみかん缶と品質は変わりませんよ」

この商品が爆発的に売れた引き金となったのはテレビ番組だ。みかん缶を開けて、そのまま中にゼラチンや寒天を投入して冷蔵庫で冷やすと、巨大なゼリーが出来上がる。

これがテレビで取り上げられた途端、「200円以下（当時）で巨大なゼリーを食べられる！」と、子どもたちの間で大人気になった。

缶詰用のみかんを輸入できるのは、収穫時期後に限られる。みかん缶を3月に販売開始したところ予想以上にヒットし、5～6月ごろには全て売り切れ。次の収穫時期まで欠品が続くほどの大ヒット商品になった。

コスト削減を追求したら「のっぺらぼう」に

２０２１年４月に発売した「ライトツナフレーク　かつお　10缶パック」も、リニューアル第１弾でヒットした商品だ。

「レンジでチンするパックライスは3食パックが定番でしたが、ドンキは10年くらい前から他社に先駆けて10食パックで売っていました。この販売量がすさまじくて、今でも年間10億円くらい売れています。買い置きできる保存食的な商品は、量の多さで勝負できるのではないか。そんな発想から生まれたのがツナフレーク10缶パックでした」

「ライトツナフレーク かつお 10缶パック」の側面を見ると、この通りラベルのない銀色の缶が。値段を下げることへの執念すら感じる

情熱価格として販売するのにふさわしい価格設定があり、そこから逆算して利益を確保しないといけない。それでも、品質を落とすわけにはいかない。製造委託先などとシビアな交渉を続けていく中で、「もうこれ以上はコストを削れない……」という限界に達した。

そこで野木は、決断を下す。

「こうなったら、ラベルなんていらないんじゃないか！」

どうにもコストを削る部分がなくなったことから、最後は1缶ごとのラベルを全てなくして銀色の缶にした。これにより原価を下げたのだ。パッケージに記載する驚きのニュースでは、「10缶パックにすることで一缶ずつのラベルコストを省いた」と、低価格の理由を前面に打ち出した。まさに「そこまでやるの？」である。

「食品は商品回転が速いので、リピーターに使い続けてもらわないといけません。単価が安いので、数を売らないといけないんですね。とはいえ、おいしくなければ二度と買ってもらえない。品質も価格も最大限できることをしないと、ナショナルブランドには勝てませんから」

あえて日本製造をウリにした「韓国海苔12P」

野木のボリューム勝負はまだまだ続く。２０２１年12月発売の「韓国味付け海苔《のり》12P」も、大容量でお客さまの心をつかんだヒット商品だ。

韓国海苔は３パック入りが一般的だ。しかし、１パックの内容量が少ないので、開けるとすぐに食べ切ってしまう。その上、３パック入りの単価は１２０円程度と安い。数が売れても、売り上げはそれほど稼げない。韓国海苔で利益を上げるにはどうしたらいいのか。野木は「どうせなら大容量をやってみよう！」とひらめき、「韓国味付け海苔12P」という12個入りを開発した。

「よくあるのは『本場韓国から直輸入』をうたうやり方です。私はその逆を取って、原料は韓国産でも、日本で作ったことを打ち出すほうがニュースになるのではないかと考えました。日本の消費者は、国内製造に対する強い信頼があるからです。ただ、国内で韓国海苔を作っているメーカーは、多くはありません。たまたま対応してくれるメーカーと巡り合えたのが、この商品の誕生につながりました」

「韓国味付け海苔12P」は、テレビで取り上げられたこともあって爆発的にヒットし、売り上げは年間11億円に達した。

メーカー側でも生産ラインを増設しないと発注に対応できないくらい、売れに売れた。作っても作っても欠品が続くような状態だった。

「これでは、お客さまのご期待に応えられません。国内製造では間に合わないので、今度は韓国から輸入することにしました。ただ、同じ12パック入りを持ってきても面白くないですよね。それで30パック入りの『韓国海苔30P』を開発しました」

ボリュームに懸ける野木の本気を見た。

「いろいろ使えるたまねぎぽん酢」。刻んだタマネギが沈むことなく、ポン酢と均一に混ざっているのがわかる

「ドバドバ出す」のは甘くなかった……

野木の思い切った発想は、「量」だけに生かされているわけではない。情熱価格のリニューアルに合わせ、2021年3月には「いろいろ使えるたまねぎぽん酢」も発売。これも売れている商品だ。

「たまねぎぽん酢の開発には苦労しました。というのも、驚きのニュースに『刻まれたたまねぎがドバドバ出てくるかのようなオニぽん酢』と記していますが、〝ドバドバ〟使えるようにするのが難しかったからです。みじん切りのたまねぎが沈んでしまって、均等に出てきませんでした。上澄みの部分だけ出てきてしまったんです」

たまねぎが最後まで均等に出てくるようにするのは、考えていたほど甘くはなかった。何度も打ち合わせを繰り返しながら、開発に1年近くかけてやっと完成した。

「たまねぎぽん酢はハンバーグにかけたり、サラダにかけたりと、いろんな使い方ができます。通常のドレッシングは200ミリリットル入りくらいですが、その5倍の1リットル入りで398円でした（当時）。通常のドレッシング1本当たりにすると80円くらいです。この安いというメリットが伝わって、よく売れましたね」

ドンキでしか買えない商品の開発は楽しい！

野木は、元々ドンキが買収した長崎屋の社員だった。野木が入社した1980年代は、まだPOS（販売時点情報管理）システムどころかパソコンもなかった時代だった。

「当時は長崎屋でも、現場が権限を持って売り場づくりをしていました。しかし、チェーンストアだった長崎屋は『この商品をこの値段で売りなさい』と言われて、ただ並べているだ

ドンキで商品開発に懸ける思いを爆発させている野木。ドンキにしかない、驚きの商品へのこだわりは強い

けのGMS（総合スーパー）になっていったのでしょう。それだからか、時代の波に飲み込まれてしまいました。対してドンキは、戦う力が強い。商圏には小さいスーパーもあれば、大きなGMSもあります。現場が商圏内の競合店としっかり戦っているのが、ドンキの一番の強みだと実感しています」

野木は長崎屋時代、売り場担当を経て加工食品のMD（マーチャンダイザー）になった。そこで商品を開発する面白さや、やりがいを知った。その思いを、ドンキでさらに爆発させている。

「売り場担当では、売れていく楽しさを味

わいます。売れなかったらガッカリしますが、売れれば自分の力でやったという気になれます。すると、次は商品を大量に仕入れる仕事がしたくなります。さらに、商品を開発したくなるんですね。徐々にやりたい仕事の規模が、大きくなってきました。今はゼロからオリジナルの商品を作って、売れれば本当にうれしいですね。とにかく他社にないもの、ひねったもの、ドンキにしかないものにこだわっています。突き抜ける感じというのでしょうか。商品には驚きが本当に必要です」

すでに野木は定年を迎えたが、継続雇用で働いている。とてもそうは見えないほど、エネルギッシュな人物だ。

「商品開発の仕事は本当に楽しいですね。これからも、ドンキでしか買えないモノをつくっていきたいですね！」

（敬称略）

第5章

ドンキの「ヒット商品」はこうして生まれる

激論の嵐！3日間ぶっ通しの「商品起案会議」

森谷健史

商品化の大きな関門「What3カ条」

試行錯誤を重ねた末、2021年2月、「情熱価格」をリニューアルしました。その結果、「素煎りミックスナッツDX」や「業務用ウインナー 800g」「ライトツナフレーク かつお 10缶パック」といった大ヒット商品が、次々と生まれました。情熱価格が、お客さまとドンキを結び付けるマグネットになり、「ドンキに来たらこれを買いたい」というお客さまがお見えになるようになったのです。

ドンキの情熱価格といっても、かつては知ってる人は知ってる、といった程度でした。それが、今やドンキの〝アイコン〟になりました。

こうしたヒット商品を生み出す源泉になっているのが、第4章で述べた「How3カ条」と、もう一つ「What3カ条」です。What3カ条は商品自体の売りを明確化するためのもので、(1) しっかりターゲットを見定められているか、(2) 顧客のメリットに還元されているか、(3)『世の中の当たり前』ではなく独自性があるか、という3つの項目から成ります。そして、そのセールスポイントを顧客に伝えるため、判断の指針となるのがHow3カ条という立て付けになっています。

それでは、What3カ条について詳しく説明しましょう。事例として取り上げるのは、情熱価格のヒット商品である「にんにく6倍ドン引きペペロンチーノ」です。

(1)しっかりターゲットを見定められているか

「にんにく6倍ドン引きペペロンチーノ」は、とにかくにんにくが大好きで、食後の口臭やにんにくフードを買うことに抵抗がないお客さまにターゲットを限定。その中でも、にんにくがたっぷり入ったペペロンチーノを食べたいと考えている、30～40代の方に絞り込んだ商品です。

(2)顧客のメリットに還元されているか

ターゲットを細かく絞ることにより、「どんな期待に応えればよいか」が明確になります。にんにく好きに伝えるべきなのは、にんにくの〝量〟であると考えました。にんにく「6倍」という数字に裏づけられた顧客メリットを打ち出し、商品の魅力を高めます。

(3)「世の中の当たり前」ではなく独自性があるか

「にんにく6倍ドン引きペペロンチーノ」は、万人ウケが難しく、恐らく他社では見かけない商品でしょう。しかし、あえてそれを作るのが「ドンキの強み」となります。「我々が作らないでどうするんだ！」という使命感を社員全員が共有することで、ワクワクするような面白い商品が生まれるのです。

現在販売されている「にんにく炸裂18倍ペペロンチーノ」（現在は生産終了）。
にんにく6倍をさらに3倍に増やした、ドンキらしい突き抜けた一品

お客さまの嗜好が多様化している今の時代こそ、1人に「深く刺さる」ことで強烈なファンを生み出します。そして、その1人の後ろには、似たような嗜好の人が10人、100人、1000人と存在するはずです。

さらに「個性的な商品」は話題になります。「買ってみた」「食べてみた」のSNS情報を見て、「ちょっとだけ気になっている人」のうち、何割かの方々には買っていただけます。

「遠慮しないでとことん突き詰める姿勢」を貫き、まだこの世に存在しない未開のジャンルを開拓することで、イノベーションが生まれます。隠れたニーズだけではな

く、「その先を見てみたい、味わってみたい」という人々の「飽くなき探求心」を満たすことができるのです。

「みんなの75点より誰かの120点」を狙った「偏愛めし」

一般的な他社のPBでは、万人ウケしたほうがいいという考え方になると思います。そのほうがマーケットは広くなり、売り上げが伸びる可能性が高いからです。

しかし、ドンキは万人ウケしないPBをさらに先鋭化させました。2023年11月にリリースした「偏愛めし」です。

「みんなの75点より誰かの120点」

これが偏愛めしのコンセプトです。万人ウケは狙わないと明確に決めた、総菜のみのブランドです。好きな人だけ好きになってくれればいいと、思う存分、振り切りました。

偏愛めしが並んだスペースの上には「みんなの75点より誰かの120点」の看板

天津飯を想像してください。天津飯を食べるとき、最後のほうになると、あんがなくなって、白ご飯だけが残ってしまうことはありませんか？　これが天津飯を食べるときのストレスになっている人がいるのではないか……。会議の席で、そんなことが話題に上ったのが開発の出発点でした。

そこで「俺は具が足りなくて、白飯ばかりになるのが一番嫌い」という、少し偏った思考の人に向けた天津飯を開発することにしました。その名も「あんだく溺れ天津飯」。あんが通常の3倍くらい入っている天津飯です。白ご飯はもちろん、玉子も〝あんの海〟に完全に溺れています。

偏愛めし「あんだく溺れ天津飯」。これでもかというくらい、あんがたっぷり入っている

「あんだく溺れ天津飯」の開発者は、カロリーの塊のようなメニュー開発を得意としている男性です。彼は自分の嗜好をベースに開発している面もありますが、他にもドンキには「きっとこういう嗜好の人っているよね」と想像して、開発している商品があります。

なぜ家電の会議に食品担当が参加するのか?

ドンキらしいPBを世に送り出すために、それまでなかった新しい会議をつくりました。それが月1回の「商品起案会議」です。

何でもかんでも、情熱価格としてリリースしていいわけではありません。よりドンキらしい商品を作っていくため、商品開発担当者から提案されたアイデアを、みんなで徹底的にたたく場にしました。

商品起案会議に参加するのは、僕や社内デザイナー、商品開発担当者に加え、最初の1年ほどは、博報堂から宮永さんやデザイナー、コピーライターに入ってもらいました。

商品起案会議の大きな特徴は、家電や食品といった担当カテゴリーの枠を超えて、いろんな部署の人たちが参加すること。というのも、例えば家電チームの中だけで家電のことを話していても、視野が狭くなってしまうからです。食品担当など、全く家電に携わっていない人の意見も取り入れるべきだと考えました。極めてフラットな目線で、お客さまの心に届く商品かどうかを、真剣に議論する場にしたんですね。

1年くらいたつと、会議はドンキのメンバーだけで自走できるようになりました。今は初期のころとは形態が大きく変わり、僕もよほどの重要案件でもない限り参加していません。宮永さんら博報堂チームが加わるのも、ここぞというときだけになりました。

またＰＢのリブランディング後には、ＰＢ推進をより強化するため「プロフィットマネジャー（ＰＭ）」という職責を新設しました。

ＰＭは全国14あるエリアごとに配置されています。僕らがＰＢのメーカーだとすると、ＰＭは各エリアを担当する営業マンのような役目。ＰＭはＰＢ商品を各店舗に売り込んでいきます。商品の魅力が伝わるよう、各店舗に「営業」しなきゃ売ってもらえないですから。

このＰＭも商品起案会議に参加して、担当エリアの店舗で仕入れる数量などを決めていきます。商品起案会議では他の部門の開発担当だけでなく、営業サイドの人間も加わって喧々《けんけん》囂々《ごうごう》の議論を交わすのです。

歯にきぬ着せぬ意見が次々飛んでくる

商品起案会議は月1回ですが、３日間ぶっ通しで行います。当初は1日12時間の会議を、3回やっていました。そこで朝10時から夜10時まで、みんなが激論を交わすのです。

徐々に参加者が突っ込むポイントがわかってきて、開発者側の準備の精度も上がってきたことから時短が進みました。それでも3日間ぶっ通しは変わりませんが、現在は朝10時から夜7時までを2日間、最終日は夕方までといったスケジュールに落ち着きました。

会議では、開発者がこだわりポイントやこの商品ならではのニュースを説明します。その結果、参加者が納得すれば「おー、いいじゃん！」となりますが、そう簡単にはいきません。みんなから、次から次に質問が飛びまくります。食品に対しては、「まずい」という、身もふたもない意見が飛び出すこともあります。

「こんなんで情熱にしていいわけないでしょ」

「本当にこんな数量、うちで売れると思ってるんですか？」

「こんなの絶対売れないですよ、どういう見方をしてるんですか？」

と、かなり厳しい意見が飛び交います。

商品開発側である商品部が、責任を持って決められた原価で商品を仕入れると誓う一方で、ＰＭ側はその数量を引き受けた限りは、運命共同体として売るのが使命。ＰＢの開発と販売は、商品部とＰＭのパワーバランスの上に成り立っているのです。

商品部とＰＭが会議で合意したら、各店舗にはＰＭが責任を持って売り込みます。

ドンキの会議は「禅問答」かつ「知的スポーツ」

「普通なら意味ないじゃないですか？」

宮永充晃

商品起案会議では、まるで禅問答のようなやり取りが繰り返されます。「偏愛めし」シリーズの「ダシを活かすための親子丼」の企画が会議に提案されたときのこと。開発者から「こだわりのダシの親子丼です」という説明がありました。

「この価格で、きちんとダシを取っているのはあり得ないんです」

「それはどういうことなんですか？」

「天草の漁港で大量に小魚が余っているんですよ。それを安く仕入れられるから、普通の5

倍くらい濃いダシが出ています」

「それなら、天草の漁港を丸ごとダシにした、って言えちゃうんじゃないですか？」

「鶏むね肉は、どんなのを使っているんですか？」

「いや、普通です」

「普通なら意味ないじゃないですか？」

「つくり方のプロセスに、何か工夫はないんですか？」

このような議論が延々と繰り広げられました。開発者が質問に答えられずタジタジになると、企画の出し直しになってしまうんですね。例えば、「そこをもっと掘り下げたら、ニュースが出てくるんじゃないですか？」という指摘があれば、開発者は持ち帰って徹底的に調べてきます。こうしたプロセスになることを開発者も熟知しているので、念入りに準備してきます。ドンキの会議は、言ってみれば知的スポーツなんですね。議論を通して驚きや面白さ、楽しさ、ニュース性を見いだしていきます。

全従業員がマーケティングリサーチャー

お客さまを観察し、ダイレクトに変化を感じ取る

森谷健史

僕が入社した2005年ごろ、大手メーカーからは取り合ってもらえない商品群が数多くありました。今ほど規模が大きくなかったドンキには、メーカーから直接仕入れられない商品がたくさんあったのです。それでも買い場担当者は、商圏内の競合他社と戦わなければなりません。いわゆるセカンドブランドやサードブランドで戦うか、メーカーがやっていないような商品群で戦うしか方法がありませんでした。

その結果、大手小売店とは異なる商品の売り上げが大きく伸びていきました。そうした中

でお客さまの支持を集めたものが、今ではドンキの人気カテゴリーとして確立されています。
もし、ドンキがとがって見えるとしたら、それは一般の小売企業とは、そもそも品ぞろえが違うからではないでしょうか。例えば、糖質オフコーナーを設けるスーパーがあっても、偏愛めしのような高カロリーラインアップをＰＢでそろえている店舗は、他では見当たりませんよね。

では、どうやって偏愛めしのような、ドンキが優位に立てるニッチな市場を見つけるのでしょうか？

それには、ひたすら「お客さまを見る」しかないと思います。大手小売企業なら、本社が実施するマーケティングリサーチが商品開発の重要な指針になるでしょう。

ドンキの場合、会社としてマーケティングリサーチをするよりも、店頭にいる全従業員がお客さまをつぶさに観察して、「あ、今、この商品を手に取ろうとしたけど、やめた」といったことを察知します。「最近、お客さまのこういう声が多いな……」ということから、マーケットの変化をダイレクトに感じ取るのです。

例えば、カラコンを仕入れて買い場に並べたら、お客さまから商品についてよく質問されたとします。これはもっと売れそうだと手応えをつかんだら、1本だった棚を2本に増やします。2本にしてもお客さまに質問されたら、3本にします。3本でも聞かれたら4本にします。こうしたことを、店舗単位で進めていくのです。

ドンキは店頭でみんなが、ガチャガチャガチャガチャお客さまとのやり取りを繰り返していきます。そして、ひとたび「カラコンがめちゃくちゃ売れている店があるぞ」という情報が他店にも広がった瞬間、今まで棚を1本しか展開していなかった店舗が5本に増やし始めるのです。そうやって、ドンキ全体の買い場が進化していきます。

ものづくりの素人だから100%マーケットイン

ドンキに最大公約数的な発想はない

吉田直樹

この健康志向がメインストリームの時代、カロリーの塊のような食品が売れるの？　偏愛めしに対して、そんな疑問を抱かれた方もいるかもしれませんが、ここまで本書を読んでいただいたみなさんなら、「ドンキならやりかねない！」と思っていただいたのではないでしょうか？（笑）　そうなんです。僕たちの感覚では、健康志向ももちろん大切なんだけど、それだけじゃないよね、というのが本音です。健康志向の時代……っていうのは、最大公約数の考えです。一方で、「そうでもないよね」といった感覚も、世の中にはいっぱいあります。

例えば、近くに「二郎系」ラーメン店があれば、きっと行列ができているはずです。二郎系ラーメン店は、麺の量が通常のラーメンの2倍くらいあり、糖質たっぷり。チャーシューは巨大、背脂もどっさりのっています。それでも多くの二郎系ラーメン店では、大行列ができています（僕は行ったことないんですが・笑）。

飲食店は王道系のお店がある一方で、ニッチなニーズに応えている面白いお店も数多くあります。健康志向が高まっているとはいっても、そうでない飲食店は山のようにありますよね。

一方、小売店、それも大手になると、どうしても最大公約数を目指すことが大切で、その結果、店づくりとしては「無難な」店になることが多いと感じます。ドンキには、そういう最大公約数的な発想はありません。それに「最大公約数でない部分」というのは、得てして一般の人たちが想像している以上に、大きな範囲を占めているものです。そこに、ドンキの存在意義があるんじゃないかなと。

「カロリーなんて気にしません」というのも大きなトレンドとしてありますし、いかにもドンキが得意そうな分野ですよね（笑）。

市場を再定義し、細分化し、トップを獲る！

第1章で申し上げた「○○といえばドンキ」を、もう少し違う視点から書きますと、僕たちの戦略が見えてくるかもしれません。

カラコンの市場は、約750億円ですが、この市場のうち、店頭市場のトップシェア（5割以上）を取っているのがドンキなんです。

カラコンをお客さまに主語の転換を図って考えると、カラコンは、お客さまにとってはメイク、化粧品というジャンルに当てはまり、かつ、それまでに存在しなかった類いの商材と言えると思います。気分によって、日によって、オケージョンによって見た目を少し変える。メイクや化粧品と比較しても、カラコンはとても狭く定義しやすいものです。カラコンならではの特徴（目の色が変わるというのは、「どんなメーキャップよりも一瞬で変化できる」ということではナンバーワン商材）を捉えると、万人向けではないですが、ドンキの得意とする若いお客さまに想定ターゲットが絞りやすい。

このように、市場を再定義して、さらに細分化し、その上で得意な分野を絞ってその中で大きなシェアを取っていく、というのは、当社が大事にし、また得意にしていることです。その市場自体が大きくなれば、さらに当社のアドバンテージは強くなりますよね。

偏愛めしの「みんなの75点より誰かの120点」も、これと同じ考えです。高カロリー市場が存在するといっても最大公約数ではないから、最大公約数を狙った商品よりも市場規模は劣りますが、一定の規模はあります。また、前述したようにプレーヤーも少ない。健康志向市場でトッププレーヤーになるのは容易ではありませんが、より絞った高カロリー市場なら、ナンバーワンになれるということです。

ドンキの売上高2兆円というのは、日本の小売業では第4位ですから、平均的なマーケットシェアの商品では、僕たちの売り上げは、セブンやイオンに劣るわけです。しかし、本書で取り上げているような商品、つまり、標準的ではなく不均衡にシェアの高い商品が当社には多数あるため、こういった商品やセグメントでは、圧倒的にナンバーワンの商品も多いのです。現に、カラコンやつけまつげ、プロテイン、ヘアアイロンといった商品のシェアでは、ナンバーワンです。

なので、「みんなの75点より誰かの120点」というフレーズは、良いフレーズだと思います。
でも、僕を含めた社内の人間は、「ふむふむ、ドンキはそもそもそうだよね」と感じたんじゃないかなと（笑）。

マーケティング分析よりも重要な自立性

これまでドンキでのマーケティング手法の取り入れについて論じてきて、今さらなんですが（笑）、ドンキのデータ分析には大手小売企業がやるような分析もありますが、それはそれ。本社は分析結果を提示するだけです。

本社の分析というのは、「じゃあこういうルールにしましょう」と、分析ではなくて指示になりがちです。〇〇率が△パーセント以上になったらヒットと定義する、みたいになるかもしれません。

ドンキはそうではなくて、分析はあくまでも分析。意思決定については、みんなの感覚を信じています。オートノミー、つまり自主性・自立性ですね。

マーケティングの手法を活用しながらも、また、取り入れなくてはいけなくても、当たり前の答えを出してくる人の集団にはしたくないんです。オモシロイ人たちが、そういう手法を活用するからオモシロイものが生まれてくる。情熱価格のリニューアルプロジェクトの成功を見ていて、改めてそう確信を持つようになりました。

ドンキっぽいマーケットイン

近年は「プロダクトアウトからマーケットインへ」といわれ続けています。企業側の方針や技術を基に製品を開発するのではなく、消費者のニーズを起点に開発するという流れです。

それでも、メーカーは完全にマーケットインへシフトするのが難しい。メーカーは原価の積み上げを無視できないからです。顧客の気持ち起点で開発するのではなく、開発した商品ありきで、顧客の気持ちを後づけせざるを得ないことがあるでしょう。

それではメーカーが顧客の気持ちを考えていないかといえば、そんなことはありません。マーケティングに必要な要素は、全て取り入れてはいるでしょう。

片やドンキは、完全にものづくりの素人です。ものづくり起点で商品を開発できません。だからお客さまを主語にして、100％マーケットインで商品を開発するしかないのです。

ドンキの中では「顧客親和性」という言葉がよく使われます。どんな仕事も、想定しているお客さまに近い年代や属性、ライフスタイル、感性のある人がやるべきだ、という考え方が、ドンキの従業員には根付いています。『源流』では、この顧客親和性が「最大の武器」とまで言われているほどなんです。

なので、本書に出てくる「ヒットメーカー」たちの秘話を読んでいただいたらわかると思いますが、ドラマ好きのテレビっ子（大人ですが・笑）が開発したチューナレステレビ、加工食品の仕入れ・販売に携わること30年以上のベテランが企画するコスパ抜群の缶詰や韓国海苔、しいたけ嫌いが開発するしいたけスナック……みんな自分のことをお客さまに置き換えたり、お客さまの気持ちになりきったりして商品を企画し、開発しています。

その意図を実現するために相当緻密に作られている《プロダクトアウト》真逆な作り方《マーケットイン》、それがドンキっぽいマーケットイン、それもかなりトンがったマーケットインの発想でできたものなんじゃないかなと思っています。

状況一変！「ド」情熱を求めてドンキへ

ドンキの店舗に足を運ぶと、今や買い場には「ド」のマークの付いた「情熱価格＝ド情熱」の商品が各コーナーに並んでいます。ほんの数年前まで認知度が低かった情熱価格なのに、なぜ今は、ド情熱を目当てに来ていただくお客さまがこんなに増えたのか。

僕はその答えを非常にシンプルに捉えています。ヒット商品があったからだと。

ヒット商品がなければ、ブランドはお客さまに浸透のしようがありません。ド情熱からは、年間1億円を超えるスマッシュヒットといえるような商品が数多く出ています。だから、買い場が「ド」のマークであふれ返るようになったんだと思います。

リニューアル前に20％程度だった情熱価格の認知度は、現在では70％以上になりました。お客さまは、たとえ「ド」印や情熱価格というブランド名を知らなくても、「ドンキに行ったら、アレだよね」「アレを売っている会社だよね」という感覚があるはずです。すごい変化ですよね。

正確な名前は知らなくても、存在は認知されている。つまり、情熱価格のブランドが確立されてきたんです。

小売業で大事なのは、極論を言えば「人気があるかどうか」ということ。そして、大抵の場合、それは「人気商品がどれだけ頻繁に開発されたり、店頭に並んでいたりするか」ということに尽きると思います。情熱価格は、どこにも負けない徹底した顧客視点によるリニューアルによって人気が高まり、多くの人たちに知られるようになり、強固なブランドを築き上げたというわけです。

ヒットメーカーの“好き勝手”秘話 4

入社半年のデザイナーが「情熱価格」の推進役に

松本優典

**クリエイティブ本部
PBデザイン部
ブランド開発課
情熱価格リーダー**

2020年4月PPIH PBデザイン部に中途入社。20年9月に情熱価格のリニューアルプロジェクトに参画。21年4月から情熱価格のブランドリーダーとしてブランディングを推進

予想外の仕事に戸惑いながらのスタート

松本優典は、かつて書籍や雑誌の編集プロダクションに勤めるデザイナーだった。そこを退職してフリーになり、出版社に常駐して仕事していた。

「やりたい仕事だったので、最初はすごくうれしかったんですよ。ところが、重要な決定権は社員さんが持っていますから、もっと自分でいろんなことを決めて動かしたいという気持ちが出てきて、モヤモヤしていたので、転職することにしました。ドンキを選んだのは、権限委譲に魅力を感じたからです」

松本はパッケージのデザイナーとして入社した。だが、その約半年後に情熱価格のリニューアルのプロジェクトが始まったことから、ブランディングの推進・管理・運用といった役割が与えられた。情熱価格のリニューアルを率いた森谷の下で、松本は情熱価格のリニューアルを推進していく実務を担ったのだ。具体的には、ブランドの方針や新しいルール、パッケージのビジュアル、キャッチコピーなどを決めるような地固めの仕事だ。

「パッケージデザインをやろうと思って入ったのに、振られたのは予想外の仕事。最初は不安でした」

戸惑った松本は「デザインで入ったんですけど……（笑）」と、上司に相談したこともあったそうだ。

さすがに入社半年と日が浅かったことから、最初は直属の上司と二人三脚だった。しかし、松本は苦しんだ。ブランディングに大きく関わる情熱価格のリニューアルは、それまで経験してきたデザイナーの仕事と、かけ離れていたからだ。

「デザイナーは、そんなに人と話す職業ではありません。出版社のデザイナー時代は、パソコンの前でカチカチカチと作業して、1日誰とも話さない日もありました。ところが、情熱価格のリニューアルの仕事では、ミーティングが1日に何件もありました。人と話さないどころか、人と話したり、指示を出したりするのが仕事の軸になったのです。仕事の形態が前職とは180度変わったので、自分の中で腹落ちさせるまでは少し時間がかかりました」

松本が入社したときはコロナ禍の真っただ中。テレワークが続いたのも、周りとコミュニケーションを取ることの難しさに拍車を掛けた。

権限委譲は予想以上！　能動的に仕事できる喜び

松本はしばらくすると、プロジェクトの表に立たされるようになり、1年後には情熱価格ブランドのリーダーに昇格した。

「権限委譲は予想以上で驚きました。今思うと、上司たちが権限委譲のため、私に仕事を丸投げしてくれたのでしょう。かつてデザイナーだったころ、最終決定権があるのは出版社の編集者でした。ところが、ドンキに入ったら自分が決定しなければならない。それが最初は少し怖かったですね。自分が決めたことにGOサインが出て、その商品が買い場に出ていく怖さがありました」

プレッシャーを乗り越えられたのは、転職の経緯があったからだ。

「言われたことをやるだけの仕事から、自分でコントロールできる立場になれたのは、本当にありがたいと思いました。入社1～2年で給料や職位を上げてもらえたことも、モチベーションアップにつながりました。新しい情熱価格がお客さまに支持されていくのも目に見えてわかりましたし、それがうれしくて、仕事と向き合う原動力になりました」

ただ、権限委譲といっても、ほったらかしではなかった。

「何だかんだいって上司が存在するので、相談すればアドバイスをもらえる環境になっているのが支えになりました。それがなければ、権限委譲ではなくて、ただのむちゃ振りです（笑）」

松本は入社してしばらくは、週末の休みになるとドンキの店舗へ足を運んだ。自分が担当した商品が買い場に並んでいるのを見に行くためだ。

「本当にうれしくて、自分が関わった商品を店舗で買っていました。友人や家族にも『この商品に関わった』と言いまくっていました」

権限を委譲する側として

「私の役割は、かつてはパッケージやキャッチコピーを事細かく決めたり、販促物を製作したりと、その多くは実務でした。しかし、今はつくり上げたブランドのコンセプトが守られているかを確認したり、社内に啓蒙したり、次のブランド戦略を考えたりと、マネジメント的な業務が中心になりました」

担当した商品が店舗に並んだ時は「本当にうれしかった」と言う。今では自分が権限を委譲する側でもある

これまで情熱価格の認知度アップを追求してきたが、それはある程度達成した。

「知っているだけの状態から、興味を持ってもらって『好きだな』『ちょっといいな』とファンになってもらえるように、新たな戦略を練っています」

松本は権限委譲されて情熱価格のブランディングに深く関わってきたが、入社5年目になり、権限を委譲する側にもなっている。

「デザインとキャッチコピーの2軸で権限を委譲しています。情熱価格のデザインは、基本的にデザイナーにお任せしています。食品から家電までカテゴリーが多岐にわたるので、よほどおかしなことがない限り、デザインの表現に対して一つ一つ私が口出しすることはありません」

一方で、キャッチコピーに関しては少し厳しい目で見ているそうだ。キャッチコピーは情熱価格の大事な個性。松本はニュース会議でも積極的に意見を言うようにしている。ただ、キャッチコピーに一言一句赤字を入れることはもうしていない。方向性やテーマの示唆だけを与えて、最後は各デザイナーにまとめてもらっている。

「情熱価格ブランドをリニューアルするのは大きな仕事でした。それだけやりがいのある楽しいものでした。そんな仕事を入ってきたばかりの新人に任せるのは、怖いですよね。それでも上司たちは、あえて私に任せてくれたのだと思います。当時は大変でしたが、今となってはチャンスを頂けたことに、本当に感謝しています」

（敬称略）

第6章

「教えてお客さま」ドンキ流マーケティング戦略

お客さまの「本音」、聞けていますか？

吉田直樹

PBの「P」はプライベートではありません

PBとは、一般的にはプライベートブランドの略ですが、ドンキは情熱価格をリニューアルしたときに「ピープルブランド」と呼ぶことにしました。略称はPBなんですけどね（笑）。ドンキのプライベートブランドではなく、お客さまと一緒につくる〝ピープルブランド〟という僕たちの思いを込めたからです。

僕たちは言葉にこだわる企業です。同じ言葉でも、ドンキでは一般的な定義と異なる使い方をしているものが他にもあります。代表例がこれまで何度も触れてきた「顧客最優先主義」。

お客さまは、自分にとって最も好都合な店だからこそ来店し、買い物するという主語の転換を込めた言葉です。

ＰＢもドンキらしい名前にしようよ——。そんな中で、このＰＢのリニューアルって、何のため、あるいは何が今までと違うの、という議論があり、「お客さまと作りたい。そこが一番違うよね」という議論になったそうです。なったそうです……というのは、またまたお叱りを受けそうな表現ですが、もちろん、そのプロセスに僕は加えてもらえず、例によって、森谷がニタニタしながら、ＰＢリニューアルの記者会見の直前になって僕に教えてくれたという、いつもながらのオチがあります（笑）。

僕は、ドンキの商売は「ピープルズビジネス」とずっと言っていたので、この名前に決定したときは、ちょっとうれしかったですけど。

「お客さまと作る」ほど困難なものはない

「お客さまの声をカタチに」——。これが元々の情熱価格のテーマでした。僕たちのＰＢのコンセプト、方針からすれば、お客さまの声を反映させないとＰＢにならない。ところが、〝不都合な真実〟とでも言うべきリアリティーは、お客さまの声よりも、よりリスクの少ない商品を作るというのが実態だったかと思います。

ＰＢは自社で在庫を抱えますから、どうしても「売らんかな」といった方向に行きがちです。また、実際お客さまと一緒に作りました……という類いの商品は、なかなかうまくいかないんですね。なぜかといえば、誤解を恐れずに言えば、商品を作るのはお客さまの仕事ではなく、僕たちの仕事だからです。

商品を作るためには、金型とか、最小ロットとか、食品であれば食品安全基本法などの法律や規制もクリアしなければならないとか、輸出入する際のレギュレーションとか、様々な制約条件があります。

一例として、食品において色というのは大切ですが、色素や染料などは様々な安全上の規制が設けられており、そういったものをクリアしなければ、商品として店頭に並べることはできません。けれど、それはお客さまには何の関係もないこと。お客さまに「あの色がいい」と言われても、その色が規制をクリアする形で商品化できるかどうかは、生産者（僕たち）

側のみに責任があることです。

だから「お客さまと作る」というのは、聞こえはいいのですが、とても困難なことなんです。

腹をくくって開設した「ダメ出しの殿堂」

そういうことで、僕自身、「お客さまの声をカタチに」というコンセプトは素晴らしいと思いながらも、「どうやって実現すんのん?」と、実効性については少々懐疑的でした。そもそも「お客さまの声って何?」ということがあります。

そこで出した結論が「こうなったら〝ダメ出し〟に限定しよう!」であり、そう腹をくくって誕生したサイトが「ダメ出しの殿堂」です。一緒に作ろうと言っても、まず、こちらが自分たちの商品を提示するのが筋で、その上で、僕たちが一番お客さまからの声を聞かなければなりません。さらにその上で、お客さまが最も「ガンガン言いたいことを言える場《ダメ出し》」ということで考えたのが、ダメ出しの殿堂です。そこでは当社の商品についてのご意見を、制約条件なしに言ってもらえますから。

恐らくいろいろな商品に対して、お客さまは心の中で「この商品って、ここがダメなんだよね……」と思っているはずなんです。だから、そう思っていることを忌憚《きたん》なく言っていただければ、僕たちにとってむちゃくちゃプラスになるんですよね。逆に言えば、これまで私たちは、ずっとお客さまの本音から学んでいなかったことに気づいたんです。もっとも、腹をくくったのは僕ではなく、森谷のチームですが（笑）。

このダメ出しの殿堂を、情熱価格のリニューアルと同時に立ち上げました。後の「マジボイス」につながる取り組みでもあります。

情熱価格のリニューアルを検討していたとき、常に問い直していたのは、第2章でも述べましたが『源流』に刻まれた「無私で真正直」というフレーズでした。格好つけるのではなく、ダメな自分をさらけ出したほうがドンキらしい。そのほうが、お客さまも信頼を寄せてくれると考えたのです。

そこには、情熱価格をリニューアルする僕らの企業姿勢を、明確に示すという意図もありました。

「かわいくてダメな弟キャラ」がコミュニケーションを促す

森谷健史

集まったのは、愛のあるダメ出し

ドンキのお客さまは、内心ダメ出ししたくてウズウズしていたんじゃないでしょうか。ダメ出しの殿堂を始めた途端、月４０００件、多いときは月５０００件ものダメ出しが殺到しました。

これだけダメ出しされたら、普通は商品開発に携わった社員たちはヘコみますよね。ところが、ダメ出しの殿堂に集まったコメントの雰囲気が、あまりキツくないんです。ネット上のダメ出しというと、ヘイトやディスり、アンチといったワードが思い浮かぶかもしれません。しかし、ダメ出しの殿堂に集まったコメントは、X（旧Twitter）に書き込まれるようなトゲのある言葉遣いではありませんでした。どちらかというと、愛のあるダメ出しが多かったんです。

きっと、お客さまはドンキのことを「しょうがねえやつだな」と思っていたのでしょう。お客さまにとって、多分ドンキは「世話の焼ける後輩」「突っ込みたくなる、かわいい弟」のような存在なんじゃないでしょうか。

書き込みのトーンを見たとき、僕は「これはうまくいくんじゃないかな」と直感しました。なぜなら「より良い商品を一緒に生み出そう」といった、建設的な場所になっていたからです。ホント、お客さまには感謝しかありません。

UIとコメントの書き込みやすさに工夫

実は意図的に、突っ込みやすいキャラ設定もしていました。宮永さんとは「ドンキを芸能人にたとえると、誰ですかね？」「俳優の○○さんじゃない？」といった会話を交わしながら、

ＵＩ（ユーザーインターフェース：画面デザイン）のデザインを大きく2つ工夫しました。

一つはＰＯＰ調にしたこと。親しみやすくて突っ込みやすく、フレンドリーな感じを出すためです。それこそ「かわいくてダメな弟キャラ」のような設定を想定していたのです。「ドンキはしょうがねえやつだ。だから俺が指摘してやるよ」と思われるように、うまくボケなければいけないと考えたんです。そうしたほうが、お客さまの本音が集まります。その集合体が僕らの資産になって、商品の改善に生かせると考えました。

もう一つこだわったのは、コメントの書き込みやすさです。お客さまの声を集めるＷｅｂサービスは他にもありますが、書き込むまでの手続きが煩わしいことがあります。それではお客さまはイライラしてしまいます。思いついたことを気楽に発言できる、ブレストのような感覚でダメ出しできるＵＩを意識しました。

ダメキャラ丸出しのダメ出しの殿堂を立ち上げることによって、単に一方通行でプロダクトを提供するのではなく、お客さまとの双方向のコミュニケーションを通したブランディングを進めていきました。

不満も言える〝脇の甘さ〟で築いたお客さまとの絆

宮永充晃

「ダメ出しの殿堂」がリニューアル成功の要因

実はダメ出しの殿堂を始める前から、ドンキはお客さまからダメ出しを受けていました。売れた商品や話題になった商品を分析してみると、その商品を評価する声がある一方で、お客さまから数々の突っ込みが入っていたのです。

例えば「素煎りミックスナッツDX」のパッケージには、クルミやピーナッツなどの割合を「黄金の究極比率」として、勝手に定義して表記していました。それに対し、お客さまの間では「これってどういうこと?・」「究極じゃないと思う」という突っ込みが、かなり起きていました。

お客さまが突っ込むということは、気になっているんですよね。興味がなければ突っ込みません。ドンキの商品には、いい意味で突っ込みの余地がある〝脇の甘さ〟みたいなところがありました。

その突っ込みに対して、真摯に応えるようにしたのがダメ出しの殿堂です。この仕組みが生まれたことが、情熱価格のリニューアル成功へ向けた大きな引き金になったと思います。ダメ出しの殿堂によって、お客さまと商品とのインタラクティブ（双方向）な関係を築けたのは、大きな成果の一つでした。

宣伝もなしに、膨大なダメ出しが集まった理由

ダメ出しの殿堂は、対外的にはそれほど宣伝してはいません。店内で案内はしていましたが、強く打ち出してはいませんでした。告知らしい告知といえば、ブランドリニューアルの発表会で紹介したのとプレスリリースくらいです。

それでも月4000件ほどのダメ出しが集まったのは、森谷さんが触れたように、ボケキャ

ラ、弟キャラのドンキだから不満も言いやすい、というのが最大の要因ではないかと思います。ドンキとはキャラクターが異なる他社が同じことをやっても、多分、ここまで本音は集まらない気がします。

近年、企業がユーザーや消費者と一緒に商品やサービスをつくる「共創」という言葉をよく目にするようになりました。これからの商品・サービス開発には欠かせない視点ですが、企業のブランドやキャラクターを生かした上で、消費者と企業がお互いにＷＩＮ－ＷＩＮの関係になるような演出が必要だと感じます。

ドンキのお客さまの多くは、間違いなくドンキのファンです。といっても、弟キャラに対する親しみのような感情を抱いています。だからこそ、ダメ出しの殿堂もうまく機能したのではないでしょうか。

「ホントにしょうがないよな、ドンキってやつは……(笑)」

お客さまは、そうこぼしながら世話を焼いてくれているのだと思います。

次のフェーズへ踏み出した お客さまとの関係

ダメ出しは放置せず、商品改善で売り上げアップ

森谷健史

ダメ出しの殿堂に投げ込んでくださったお客さまの突っ込みの声は、そのまま放置なんてしません。できるだけ商品の改善につなげていきます。さらにその事実を、全てＷｅｂサイトで公表しています。

例えば「ハイブリッドミニバスタオル」という商品があります。マイクロファイバーと綿を約半々で合わせて、綿の風合いを持ちながら、マイクロファイバーの吸水力と速乾性を実現するという、いいとこ取りのバスタオルです。

すると、お客さまから「体を拭くにはサイズが小さ過ぎる」「若干大きさが物足りない」というダメ出しがありました。品質には満足していただけたのに、サイズが使いにくいというのです。これではお客さまにとっての〝理想〟ではありません。

言い訳になりますが、当初このバスタオルは、あえて少し小さいスポーツタオルくらいのサイズにしました。なぜなら、バスタオルはサイズが大きくて、ベランダに干すときにスペースを取るからです。毎日洗うものなので、ハンガーに掛けられるサイズにしたんですね。そこが売りでもありました。ところが、「これは小さ過ぎるだろ！」というダメ出しがたくさん来たということは、ドンキ側の見込み違いだったと言わざるを得ません。

ダメ出しを受けて、ハンガーに掛けられるサイズは保ちつつ、100センチだった長さを120センチに変え、商品名もお客さまの〝理想〟に近いバスタオルということで、「理想のバスタオル」に変更し、リニューアルしました。すると、売り上げが150パーセントに伸びたんです。

フライパンも、ダメ出しを受けて形状を変更した商品の一つです。「取っ手が持ちにくい」というダメ出しの声が集まったので、グリップの角度をほんの少し変えたんです。たったそれだけで、売り上げが120パーセントくらいになりました。

ダメ出しの原因をしっかり理解して商品改善に生かせば、売り上げアップにつながることがよくわかりました。

「ダメ出しの殿堂」から「マジボイス」へ刷新

第5章で述べたように、ドンキは全従業員がマーケットリサーチャーです。現場の担当者たちがお客さまの動きや販売実績を見ながら、品ぞろえや価格を最適化していくというプロセスを、アナログで続けてきました。このやり方が、現在のドンキの独自性を築き上げてきたんです。

しかし、これからはさらにスピードを上げて店舗を進化させていくために、デジタルの力を駆使することにしました。そうした施策の一つが、お客さまの声を集める「マジボイス」です。

マジボイスは、２０２３年11月にダメ出しの殿堂をリニューアルする形でサービスを開始しました。ダメ出しの殿堂では、商品を購買したかどうかに関係なく、誰でも公開されているWebサイト上でダメ出しを書き込むことができました。しかし、マジボイスはＰＰＩＨの電子マネー「majica（マジカ）」アプリ内に搭載した機能で、アプリ会員の購買情報とひもづけしているので、商品をご購入いただいたお客さま「のみ」、商品評価ができるようになっています。

普段、どういった買い物をされているお客さまが、どのような感想や意見を持っているかがわかるので、より具体的な顧客分析によって、商品・サービス改善のスピードアップが可能になりました。

マジボイスには「正直レビュー」と「おしえて掲示板」という、大きく2つの機能があります。そのうち商品評価ができる機能が「正直レビュー」です。

「正直レビュー」では、お客さまが商品をレーティング（格付け）できます。レーティングは、よくある星（★）を付ける形式ではなく、「いいよ!」と「ビミョー」の２択で評価で

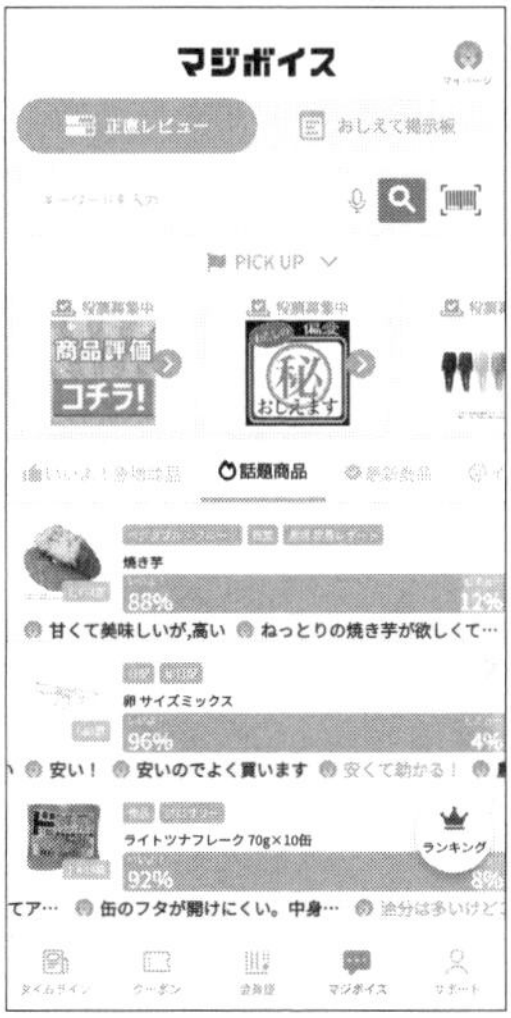

マジボイスの「正直レビュー」。商品の評価は反応を得られやすいように「いいよ！」と「ビミョー」の2択に絞った

きるようにしました。

少し細かい話ではありますが、「いいよ！」「ビミョー」にしたのには訳があります。一つは、ダメ出しの殿堂のように評価のしやすさを追求しました。一般的な「★」での表現ではなく、2択の評価にすることによって、とにかく気軽に手間なく、瞬時に評価できるようにデザインしました。

二つ目は、ネーミングです。一般的な「いいね」の表現ではなく、ポジティブな評価は他の人へ薦めるほど良いというニュアンスを込めて「いいよ！」に。それに対してネガティブな評価は、どんな小さな不満でも気軽に答えてもらいやすいように「ビミョー」にしました。単に「悪い」といった端的な表現では、お客さま側に「そこまで悪いわけじゃないんだよな」という心理的なブレーキがかかり、正直な声は集めにくいと考えたからです。

もちろんポジティブとネガティブの間には、程度があると思います。しかし、○か×かのほうが声を集めやすいと考えて、「いいよ！」と「ビミョー」の2択で商品を評価できるようにしました。

その狙いが的中して、マジボイスでは多い日だとダメ出しの殿堂をはるかに上回る、1日1万3000件を超える評価が集まるようになりました。

商品評価は「今」が大事、変動までしっかり公開

「いいよ！」と「ビミョー」の比率は、商品ごとに包み隠さず、即時に公開します。商品評価は、株価チャートのように時系列で可視化され、日々変動する状態を見ていただけるんですが、ここにもこだわりました。

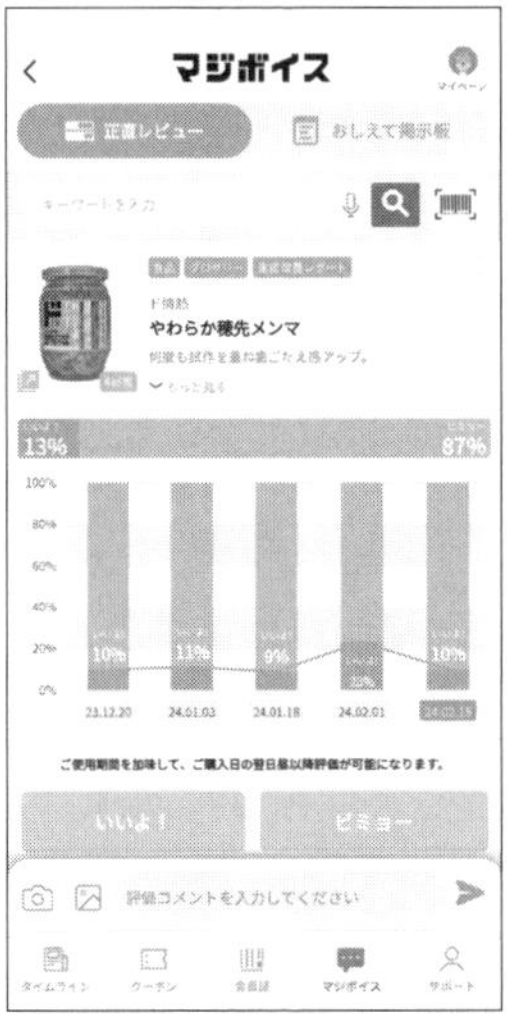

正直レビューでは時系列で商品評価の変動を可視化しているため、最新の数字がわかる

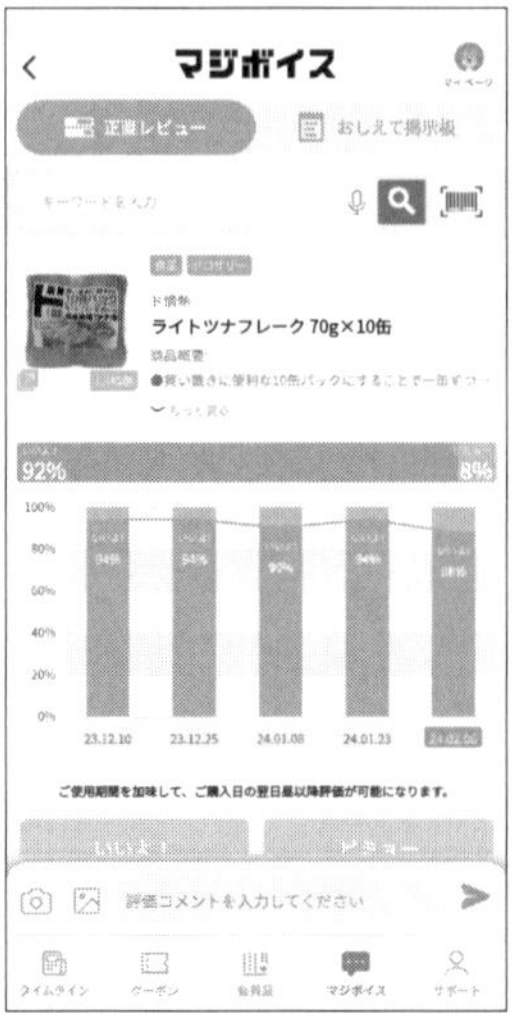

評価が低い商品も全てさらけ出す。厳しい声も、商品改善につながる貴重なデータだ

というのも、私たちは商品の評価は、競合商品の登場や価格変動などで、毎日変化するものだと考えています。それなのに、世の中には過去の評価の蓄積で、高評価や低評価になっている商品があまりにも多いことに気が付きました。それは、本当にお客さまが求めている情報ではない。お客さまが知りたいのは「現在の商品評価」のはず。そういった考えで、商品評価の変動も包み隠さず公開しています。

でも、これには賛否がありました。商品は時間がたてば評価が下がっていくものが多く、評価が低下した商品は改善の対象となったり、買い場から姿を消したりするからです。

商品評価が下がっていき、それが可視化までされるのは、商品部の担当にとっては厳しく、心が痛む情報です。ただ、「お客さま」を主語にしたとき、これは大事な情報でもあります。この一点についてはみんなの共通認識でしたから、最終的には全て公開する、ということで全員が納得しました。

マジボイスで集まったデータは、多数のお客さまの声によってもたらされた、極めて客観的な指標です。私たちが恣意的に評価を操作することはできません。これを見て、とにかくお客さまには納得して買い物をしていただきたいと思っているんです。

アプリ化でお客さまとのコミュニケーションが加速

商品の情報をコミュニティーづくりにつなげるため、お客さまからの声に対して「こんな声をいただいていますが、実際こうなんですよ」とご説明することもあります。

わかりやすい例で言うと、焼き芋に対する意見が多く出ていた時期がありました。焼き芋は、芋を収穫してからしばらく寝かせます。寝かせた芋は蜜が入っているような状態になって、割ったときにトロトロしてスイートポテトのような仕上がりになるんですね。これに対して、寝かせていない芋は、ホクホクの焼き上がりです。同じ芋でも、寝かすかどうかで食感がまるで違うんです。

焼き芋がよく売れる秋から冬は、貯蔵期間の関係上、ねっとりではなくホクホクです。すると、冬に買ったお客さまから「この前食べたねっとり焼き芋と違う。おいしくない」という声がたくさん入ります。店頭にPOPを掲げてご説明していますが、正直レビューに数多く指摘が入りました。

こうした突っ込みに対して、公式がその理由を回答します。すると、これをきっかけに「へー、ドンキの焼き芋ってそうだったんだ」と、お客さまとのコミュニケーションが生まれる、というわけです。

もう一つの「おしえて掲示板」は、お客さまが商品やサービス、アプリ機能、店舗のことなどを自由に書き込める機能です。

マジボイスのリリース当初に多かったのは、「アプリの（ポイントやチャージの）残高がわからない」という声でした。アプリ残高をチェックするためのボタンが、目のようなイラストのアイコンでしたが、わかりにくかったんですね。これは修正して、ＵＩの改善につなげました。

店舗への要望もたくさん入ってきます。ポジティブなこととネガティブなことを書く掲示板がそれぞれありますが、お客さまが書きたいのは要望です。「レジがすごく並ぶ」「値札が間違っていた」といったことがたくさん書かれています。

ダメ出しの殿堂をマジボイスに進化させたことによって、お客さまとの双方向のコミュニケーションがさらに加速しました。

マジボイスに入ってきたコメントは、運営側が一つ一つ全て見ています。その中には「そういう視点もあるんだ。全然思いつかなかった！」「コストが上がるけど、それってめちゃくちゃいい意見だ！」といったように私たちの心に響くコメントや、「価格を１円にしてく

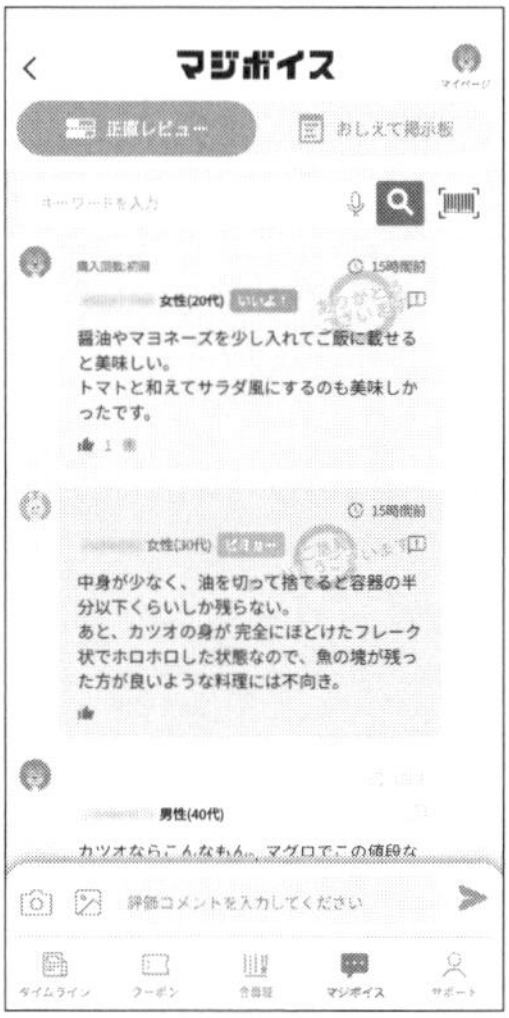

コメントに「ご意見ありがとうございます」のようなスタンプで対応。ドンキがお客さまのことを常に意識していることを伝えている

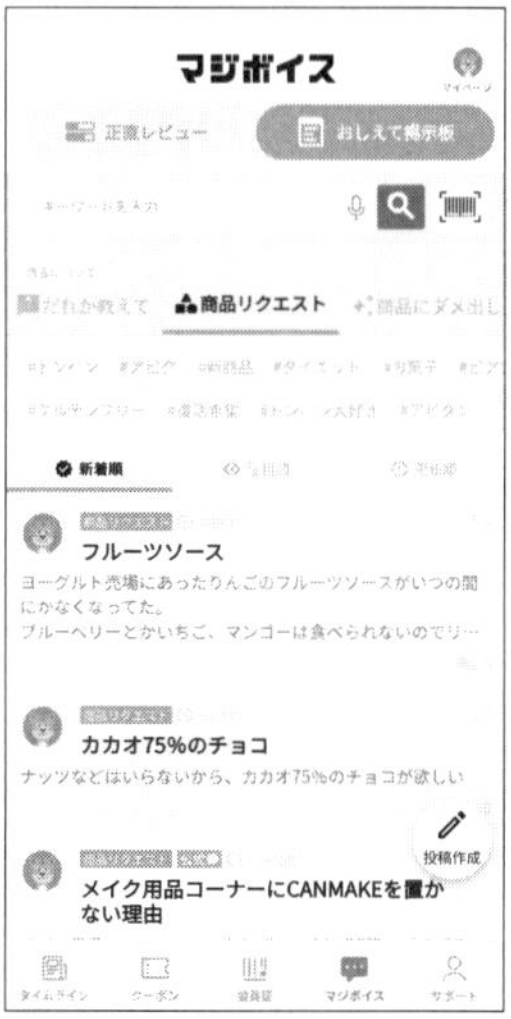

「おしえて掲示板」は要望などを書き込めるコミュニティー機能。これにより、お客さまとドンキとのコミュニケーションが活性化した

ださい」というような、さすがに無理なご要望まで様々な声が集まります。これらの声に対して、「ありがとうございます」「申し訳ございません」というスタンプを付与したり、「これは」というコメントに対しては運営側から回答を書いたりしています。お客さまに「見ていますよ」ということをきちんと伝えるためです。

たとえご要望に応えられなくても、こうした地道なコミュニケーションを積み重ねることが、お客さまとドンキとの関係性を深めると考えているからです。

お客さま自身の声で変わっていくドンキ

マジボイスに届いた多くの商品評価やお客さまの声を実現するために、マーケティングチーム内に「マジボイス実現委員会」を立ち上げました。関連部署と1カ月に1回、定期的にミーティングを開いて、お客さまから上がってきた要望について、実現できるかどうか検討しています。

検討した内容は、単に結果だけを伝えるのではなく、お客さまの声に対応している模様も含めて、「マジボイス実現委員会サイト」で公開しています。ポジティブな声もネガティブな声も、それらの声に奔走する様も、全てオープンにするのがスタンスです。

例えば「この商品はこういう点が使い勝手が悪い」という意見が入ったとします。それに対して、「バイヤーに確認したら、こう変えると原価が上がってしまうようです」と回答するといった具合です。お客さまとのコミュニケーションは全て可視化されるので、一切嘘はつけません。私たちは真正直になって向き合うしかないのです。

ドンキが現場に権限委譲していることは、これまで繰り返し述べてきました。そのベースにあるのは、お客さまの一番近くにいる店舗のスタッフが権限を持っていたほうが、お客さまの声に対して的確に応えられるという考えです。

マジボイスによって、僕らはさらに一歩先へ踏み出すことにしました。現場の社員にとどまらず、その先のお客さまへ権限を委譲することにしたんです。お客さまの声に対しても、オープンな状態で議論しながら、商品やサービス、店舗にフィードバックしていく。お客さま自身の声で、店舗やサービス、商品が変わっていく。そうした環境を実現したわけです。

これからのドンキでは、お客さまの声がダイレクトに商品づくりや店舗づくりに反映されていくのです。

一般的な手法の顧客分析は通用しない

ところで、いろんな人に「ドンキの客層はどういう人だと思う?」と聞くと、返ってくる答えの多くは「やんちゃな若者」。確かにそんなイメージが強いかもしれませんね。

ですが実際はそんなことはありません。若者もいれば、家族連れもいて、高齢者もいます。立地によっては外国人も多い。恐らく、一般的なスーパーよりも多様なお客さまがいらっしゃっているのでしょう

僕はマーケティングの部署にいて痛感させられたことがあります。それは、ドンキの場合、顧客セグメントや顧客ペルソナを設定しようとしても、うまくいかないことです。

例えば、40代女性、年収○百万円といったスタンダードなデモグラフィック（属性起点の人口統計学的データ）よりも、志向性のようなサイコグラフィック（心理的要因）のほうがドンキには当てはまると思っています。それは「楽しく買い物したい」という志向性です。どうせ買い物するなら楽しいほうがいい。この軸は、年齢や性別、年収といったデモグラフィックに関係なく、誰もが持っている志向性の一つだと思います。時間消費だったり、衝動買いだったり、店内をフラフラして買い物を楽しむ行為だったりが、ドンキの来店理由の根っこにあると思います。

ちょっと言い過ぎかもしれませんが、ドンキはディズニーランドに近いというのが僕の考えです。10代の子どもが楽しめるのは当然ですが、60代でも楽しめます。男性も女性も関係

ありません。インバウンドで、たくさんのお客さまが店舗にお見えになるところを見れば、国籍も関係なく楽しめます。

顧客をセグメントしにくいからこそ、ドンキは分析に向いていないんですね。一般的な手法の顧客分析をやろうとしても、うまくいかないんです。

何かが変わる楽しい発見の創造が「ドンキ流マーケ戦略」

宮永充晃

一言一句まで拾い上げる驚きのデータ分析

お客さまからの声の分析は、ドンキだけでなくどの小売企業でも行っているでしょう。しかし、ドンキほど徹底的にやっているケースは少ないかもしれません。お客さまの意見は多種多様です。ポジティブなものもあれば、ネガティブなものもあります。マジボイスに入ってくるのは、多くがネガティブな声です。それをテキストで分析します。

例えば、200件の生の発言があるとします。そのままでは、どの声を取り上げればいいのか、選びようがありません。そこでドンキでは、まず「商品の色について」の意見が何パーセントなのか、「商品の容量を増やしてほしい」という意見は何パーセントなのか、といったことをテキストマイニングして、パーセンテージで表します。これ自体は特殊な分析ではありません。エクセルを使い慣れた人なら簡単にできます。これを毎日繰り返しています。

そうして分類したデータを、ただ見ているだけではありません。その中からトップ3くらいの発言をピックアップして、どのようにプロダクトを改善できるかドンキと博報堂のメンバーで真剣に検討します。

一般的には、集まった声を統計的にまとめて分析するでしょう。これとは対照的に、お客さまの〝一言一句〟まで取り上げて商品の改善を図るというのが、ドンキ流のデータ分析なんですね。

このように地べたをはうような努力をして、ドンキはお客さま一人ひとりと向き合っているのです。

顧客を「つかむ」のではなく「つくる」のがドンキ

吉田社長と森谷さんと３人で未来戦略を話していたときのことです。一番話題になったのが、今の買い物はインターネット通販で同じモノばかり買っているということ。確かに、インターネットだとあらかじめ買う物が決まっていることが多くないですか？　そうでなくても、人気ランキングの上位やオススメ商品を選んでしまいがちです。これはこれで超効率的ですが、どこか物足りなく感じるときもあります。

実際に調査すると、ネット通販に限らず多くの消費者が買い物を義務だと思っています。現代の消費者にとって、日常の買い物の多くは「義務的行動」なのです。

夕食で肉じゃがを作るから、肉とジャガイモを買わなくてはいけない。あるいは、洗剤が切れたから、ネット通販でポチしないといけない。こうした行動が義務なのは、何となくわかるでしょう。実際に調査してみると、ＧＭＳやスーパーには、生活のための義務で買い物に行っているという意識があることが浮き彫りになりました。

ドンキで売っている商品だって、他のスーパーと同じように普段の生活に必要なものがごまんとあります。そうした中、ドンキは、どういうお客さまに対して、どんな独自価値を提供すべきでしょうか？

例えば「いつも使っている洗顔料を買いにドンキに行ったら、いい美容液が入っている輸入物の洗顔料が、たまたま目に入った」というシーンを想像してください。さて、どんな気持ちになりますか？

「こっちのほうがいいじゃん！」

この瞬間です！　この瞬間、いつもの定番が違う定番に入れ替わります。こうした、何かが変わる発見の楽しみが、店内の至る所にあるのがドンキではないでしょうか。

この楽しみをつくっていく。それに対して「いいよ！」と言うお客さまがあふれるような状況を創造していくのが「ドンキ流マーケティング戦略」です。売る商品ではなく、あくまで買うお客さま起点で考える。ドンキらしいと思いませんか？

そこには、安田会長が1978年に雑貨店「泥棒市場」を立ち上げて、有象無象の商品を陳列して、深夜も営業し、〝夜遅くまで働いている方々〟に支持されていたというDNAが自然と受け継がれていると思います。

ドンキ流マーケティングは、どういうお客さまをつかむかというよりも、むしろ、どうやってお客さまをつくるかという「顧客創造」に近い。だから、普通のマーケティング手法ではドンキのお客さま像は見えてきません。ドンキ側の視点で言うと、お客さまにとっていい買い物体験をつくっていくと、購買客は〝いいお客さま〟になっていただけるんです。

逆にお客さま側の視点で考えると、ドンキには自分たち（お客さま）にとって、最も都合のいいお店になってほしいということ。となれば、ドンキがいいお客さまをつくるには、それに応えるしか進むべき道はありませんよね。

経済学とかの常識にとらわれず（笑）、〝驚き〟を誘う

理論と逆行する「大人気なので値下げ」

吉田直樹

季節商品の旬は、早ければ数週間で終わってしまいます。水着や冷房器具なんかもそうですよね。一般的なお店では、６、７月はたくさんのお客さまが買いに来ます。この時は定価で売られています。でも、８月に入ると、だんだんと買う人も少なくなります。次の年になれば、違う商品がはやったり、商品が新型に入れ替わったりすることを考えると、そのシーズンのうちに売りたいので、値下げをして売りますよね。

しかし、ドンキは全く逆のことを始めることにしました。売れ残った商品ではなく、売れ

ている人気商品をセール品にすることにしたんです。
それが「マジ価格」です。いわば「逆ダイナミックプライシング」です。人気の高い商品の中から、お客さまの声が多い上位品を1カ月間限定で値下げします。

ダイナミックプライシングといえば、航空チケット代金やホテルの宿泊代金などで一般的になってきています。経済学の教科書には、需要と供給の量が一致する価格を均衡価格というと書いてありますが、ダイナミックプライシングは、需要と供給の関係に忠実に価格を決定するということですね。ダイナミックプライシングでなくても、供給に対して需要が大きい人気商品（あるいは繁忙期）になれば、モノの価格は上がるというのが常識ですね。

ところがマジ価格は、そういった価格理論（その際たるものがダイナミックプライシングで、採用している企業は急速に増えているとみています）とは逆行して、あえて需要が大きい、人気の高い商品の価格を下げてしまうんです。つまり、ドンキのマジ価格は、経済学の常識にとらわれず、そして昨今のトレンドとは逆を行く試みなんです。

なぜ、経済理論の逆を行くような、一見むちゃくちゃなとも言えることをするのでしょうか？　それは、ドンキらしいというか、僕たちのコンセプトである「驚き」に忠実というか。

経済理論とは違うけれど、僕たちにとっては、より良い打ち手だと思っているからです。

「大人気なので、値下げしました」

こんな人を食ったような話、とてもヘンですよね。だけど、ドンキの社内では、ものすごいスピードで、この考えは営業全体の共感を得られました。

経済理論に忠実だけでは、お客さまのココロは離れてしまう

なぜかと言えば、ドンキの営業は、顧客を常に見ていて、お客さまの立場に主語を転換しようといつも必死になっているからです。ホテルの代金が毎日変わったり、航空チケットの代金が曜日によって全然違う値段になったりするというのは、アタマでは理解できるけど、お客さまの立場に主語の転換をした場合、本当にこれでいいのかな?って感じていたんだと思うんですね。

消費者からすれば、ダイナミックプライシングって、アタマでは理解できても、ココロが納得しないとでもいうんでしょうか。はっきり言えば、オモシロクない……っていうのか。

僕自身も、経済理論に忠実なプライシングは、瞬間瞬間では利益は最大化するけれど、長期的に見た場合、こういう隙のないプライシング戦略に対して、お客さまは疲れちゃうんじゃないかと考えています。お客さまからすると、恐らく自分たちのほうを見てくれていない、企業側の利益しか見ていない、って感じられるのではと思います。

実際、海外の例ですが、こんなことが最近（2023年から2024年にかけて）ありました。「シュリンクフレーション（シュリンク＝縮小とインフレーションを掛け合わせた造語）」という言葉をお聞きになったことがあるかもしれません。昨今の原価高騰などによって、それまでの価格を維持することが極めて困難になってきたため、価格を維持するために、パッケージの容量を減らすという手法です。実質値上げですね。

アメリカのペプシコが、多くの商品でこのシュリンクフレーションを進める価格施策を取ったことに対し、フランスの小売大手のカルフールが、（ペプシコを含む）シュリンクフレーションの過度な商品に対し、なんと店頭（！）で、警告表示を行うようになったのです。ペプシコとカルフールの対立にはフランス政府も関係していますが、ペプシコは、それでも値上げやシュリンクフレーション施策を続けたため、カルフールは2024年1月、ペプシコの商品を棚から一斉に引き上げるという強行策に出たのです（この施策は同年4月まで続いたそうです）。

シュリンクフレーションの手法は、ごく一般的な手法と言ってもよいと思いますから、ペプシコの価格施策は、ペプシコだけが批判されるものではないにしても、消費者の半数近くがシュリンクフレーションに対して批判的に考えているという調査結果もあります。僕自身この件は、「過ぎたるはなお及ばざるが如し」を地でいくような話なのではないかと感じました。

経済学の教科書通り、需給の関係だけで価格を決めることは、短期的には合理的なことかもしれないけれど、お客さまのココロは離れてしまう、ということなんだということですね。

ドンキでは、全ての商品が最安値ではありませんが、マジ価格のような経済学の理論とは逆の施策もドンドンやっていくつもりです。経済学の理論には当てはまらないかもしれませんが、それは、顧客に主語を転換した場合、必ずしも非合理的な意思決定ではないのだと考えているからです。また、そういったとっぴな施策を打ち出していっても、お客さまの支持を得られれば、僕たちの収益性も、中長期的には損なわれるものではないと考えているからです。だって、そのほうがドンキらしくないですか？

意地の「1人ドンペン隊長」はキャラクターを守る最後の砦《とりで》

熊谷まり子

クリエイティブ本部
PBデザイン部
DS商品デザイン課
課責任者

2017年8月ドン・キホーテ入社。玩具バラエティPBデザイン担当者、オリジナルブランドリーダー兼MDチームリーダーを経て、ドンペンプロジェクト兼PBデザイン部国内DS責任者

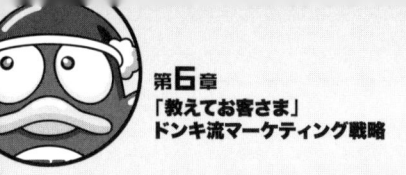

いきなりドンペンプロジェクトで大苦戦

ドンキの公式キャラクターといえば、青いペンギンの「ドンペン」とピンクの「ドンコ」だ。実はこのドンペン、いろんな〝デザイン〟のものがあり、いろんな表現をされている。公式キャラクターといえば、会社のロゴなどと等しく、デザインはもとより使用方法などについて厳密に規定されているのが通常だ。いろいろな社員が勝手にいじるなど言語道断……のはずだが、ドンペン愛が深い故、自由な表現を許してしまうのもまた〝好き勝手〟で人を伸ばすドンキっぽい。

とはいえ、さすがに不安を感じる人間が、一人くらい社内にいてもおかしくはない。まさにその一人が熊谷まり子だ。彼女の孤軍奮闘は、ドンキの人を育て、強さの源泉でもある好き勝手カルチャーを殺さずに、〝枠をはめる〟ことへの挑戦でもあった。

「権限委譲ですから、みんな自由に作れるんですよ。かつてドンペングッズは、いろんな部署がいろんなルールで作っていました。誰がドンペンにOKを出す人なのかが、決まっていなかったんです。ルールがないので、景品には景品のドンペンがあり、商品には商品のドンペンがあるといった具合に、多種多様なドンペンが存在していました。ドンペンのおなかにいろいろ書いてあるのは、今でもよくあることです」

熊谷は2017年の入社早々、ドンペンやドンコのルールづくりや監修などを通して、公式キャラクターのブランディングに携わるようになった。元々キャラクターグッズに強い興味があったのが、ドンキに入社した理由だという。それだけに「何か面白いこと、できるんだ！」とノリノリで「ドンペンプロジェクト」に取りかかった。

「上司と一緒に取り組んだのですが、入社してすぐなのに権限委譲がスゴ過ぎて、よくわからず言われるがままにやっていました。話している相手が、社内の偉い人なのか偉くない人なのかすら、わからない状態。相手に対して厳しい意見を言った後、よくよく後で聞いたら今の役員だった、ということもありました（笑）」

当時、熊谷が手掛けたドンペングッズはお土産だった。国内のインバウンド客に向けて、和テイストのドンペングッズばかり作っていた。

「ところが、海外のお客さまは、それほどキャラクターグッズに和を求めてはいませんでした。ブランディング的に、1つは公式グッズがあり、バリエーションとして和を含めた多彩なラインアップがあるのはいいのですが、和ばかり追求して、オリジナルのドンペンやドンコのグッズがほとんどありませんでした。結局、『どれがドンペンなんだっけ？』という状態だったことに、後で気づきました。大苦戦して、悔しい思いをしましたね」

「光るドンペン」で売り上げ1億円！

「ドンペンプロジェクト、やる意味あるんですか？」

あるとき、ドンペンプロジェクトの迷走を見かねた幹部にそう言われた。

「あるんです！」

熊谷は高らかに宣言した。「ここで動きを止めたら、また好き放題になるだろう」と危惧したからだった。熊谷の仕事はドンペンプロジェクトだけではない。国内のドンキ店舗の商品パッケージチームでリーダーも務めている。そちらも兼務しながら、熊谷は「1人ドンペン隊長」を続けた。

熊谷がドンペンプロジェクトを続けた理由は、大きく3つあった。

ずらり並んだドンペングッズ。写真中央にあるのは、熊谷が勝負を懸けた「光るドンペンバスボール」

「まずは個人的な興味です。不二家のペコちゃんやガリガリ君などの企業キャラクターの他、サンリオや海外のキャラクターも好きでした。次に必要があると考えたから。お客さまがキャラクターを思い出して、また店舗に来たくなるという流れは、絶対に必要だと思っていました。そんなドンキのメッセージを伝える大事なシンボルを、このまま放置しておくわけにはいきません。そして最後が意地です。結果を出さないと認めてもらえないし、信頼もしてもらえないと思いました」

プロジェクトの意義を理解してもらい信用を得るには、売り上げを伸ばすしかない。

そう考えた熊谷は「ドンペングッズでヒット商品を出す！」と目標を掲げた。

あるとき、クラゲのような〝光る変なモノ〟を営業担当が持ってきて、「これをドンペンにしたい」と言ってきた。それを見た瞬間、「これで勝負する！」と決めた熊谷は、ボール状の入浴剤にドンペンの人形を仕込んだ「光るドンペンバスボール」の商品開発に取りかかった。

「売るために、ありとあらゆる手段を取りました。お客さまに光ることを伝えるため、ＳＮＳで動画を流したほうがいいと考え、販促チームや広報担当に声を掛けるなど、駆けずり回って提案しました」

入浴剤が溶けると、光を放つドンペンが現れるという趣向が子どもたちに受け、さらにＺ世代の若者たちの間でも「光るドンペンがあるぞ」と、ＳＮＳで拡散され始めた。果たして、光るドンペンバスボールは１億円以上売り上げるヒット商品になった。たった１人でドンペンの門番をやり続けてきた熊谷が結果を出したこともあり、再びドンペンが社内プロジェクト化された。

「面倒くさい人がいるぞ」で構わない

第2次ドンペンプロジェクトでは、ドンペンの景品や商品化のルールづくりを進めた。だが「月乗りドンペンTシャツ」や「ドンペンサンダル」など、ドンペングッズのヒット商品が次々生まれると、みんなが思い思いのドンペングッズを作り始めた。となれば問題も発生する。

「中には売れない商品も出てきます。そこで店舗はどうするかというと、値下げするのです。例えば、2000円で売っていたドンペングッズを500円に下げるわけです。しかし、コーポレートキャラクターのブランディングという趣旨からすると、さすがにドンペングッズの投げ売りは好ましくありません。こうしたことがないように、ドンペンのルールをつくり、改定し、監修するという作業を繰り返しています」

現在は各セクションに、ドンペン担当を配置するようになった。しかし、全員兼任で仕事をしているので、誰かが手を止めたり、熱意が冷めたりすると目が行き届かなくなる恐れがある。また商品を自由に作られては、ドンペングッズがどんどん増えてくる。

「私はそうならないようにするための、ストッパーになっています。『何か面倒くさい人がいるぞ』と思われているかもしれないですね（笑）」

毎日新しいことが起こり、刺激的だから働ける

2023年夏、本社で「ドンペンサミット2023」を開催した。ファンと一緒にドンペンの新商品を企画する会議だ。

ある参加者は入院していたとき、病室の窓から青いペンギンが見えていたそうだ。それを見ていたら「あそこに行きたいから頑張ろう」と、闘病生活の励みになったと打ち明けた。

またある女子高校生は、東京へ上京した兄がお土産にドンペンのぬいぐるみを買ってきてくれたのがきっかけで、ドンペン好きになったという。他にもドンキに行くとテンションが上がるという女性は、「ドンキの店舗が自分の居場所だと思った」と話した。

「ドンキに青いペンギン『ドンペン』がいることは最大の魅力で、他社との最大の差別化になると思っています。青いペンギン＝ドン・キホーテと想起してもらって、ドンペンを見たり、思い出したりしたらドンキに行きたくなるような存在を目指したい」

ドンペンブランドを守るため、熊谷は目を光らせ続ける

熊谷はかつてフリーランスでデザインやイラストを手掛けるクリエイターだった。ドンキには派遣社員として働き始め、そのまま正社員になった。知人から「よく1つの会社にいられるよね」と言われることも多いという。

「こんなに会社員が長く続いているのはドンキが初めてかも。仲のいい友人から言われるのは『会社が寛大なんだよ』と。毎日新しいことが起こり、刺激的だから続いているんだと思います」

（敬称略）

第7章

ドンキのマネジメントとは「マネジメントしない」こと

お客さまの声で自走する“風変わり”なマネジメント

森谷健史

上がらない現場のモチベーション

ＰＢをリニューアルするとき、何かしらのプロモーションを展開しないと絶対にうまくいかないと思っていました。というのも、情熱価格は認知度が極めて低い状態だったからです。お客さまは、自分が知らない商品を手に取らないですよね。情熱価格の認知度を高めるためには、ヒット商品を生むべきだというのが私たちの考えでした。そこでプロモーションもうまく活用しながら、ヒット商品を意図的に作れないか検討したんです。

一般的にＰＢ商品は、コストを抑えて価格に反映させるというビジネスモデルです。プロモーションにあまりお金をかけるのは、違うのではないかという思いもありました。それならば、コストをかけずにヒット商品を生もうと、単品でのプロモーションをいくつか展開してみました。ところが、さすがに虫のいい話で、結果は鳴かず飛ばず。多少売り上げは伸びましたが、長続きはしませんでした。

その原因は、本社マーケティング部門の熱量とは対照的に、現場のモチベーションがなかなか上がってこなかったことにあります。実はこれ、〝ドンキあるある〟なんです。ドンキはそれぞれの店舗が強い力を持っているので、本部がいくら「売ろう！」と声を上げたところで、現場が「これはイケル！」と納得してくれないと、売ってくれないんですね。

半年くらい単品のプロモーションをやってみましたが、効果が低いので全てやめました。私たちは議論をリセットせざるを得なくなりました……。

「内側の機運」を高めるしかない！

それまでは、外に向けてどのようにプロモーションを展開するかばかり検討していました。

しかし、お客さまに向けていくらアピールしても、悲しいかな、社内の買い場担当者たちは全く動いてくれません。こんなことって、普通の会社ではあり得ないんじゃないですか？

これではどうにも先へ進めないので、「社外の購買機運よりも先に、社内の販売機運を高めるべきではないか？」と考えるようになったんです。これを私たちは「内側の機運」と呼びました。つまり、インナーブランディングです。

店舗の中こそ、お客さまが最も商品に触れるタッチポイントです。買い場の一等地に商品を並べるのが、最もお客さまに手に取ってもらえる方法です。どうすれば、ＰＢ商品が店舗の一番いい場所を確保できるのか。各店舗でＰＢ商品の買い場を得るため、僕はいろんな社内会議に乗り込んで「ＰＢ商品を売っていきましょう！」と協力を仰ぎました。

ドンキの場合、エリアをカバーする支社長や店長の賛同がなければ、全国の買い場にＰＢ商品を展開してもらえません。その壁を乗り越えるには、論理的にも、感情的にも、腹落ちしてもらう必要があるんです。

細かい話ですが、社内への伝え方も工夫しました。当時、僕がこだわっていたのは、Ｗｅｂ会議で事前に資料を配布しないこと。支社長や店長向けにＷｅｂ会議を開くとき、資料を配

「情熱価格ブランドブック」。PBに対する理解を深めてもらうため、社内に向けて積極的に情報発信を行い、全社の機運を盛り上げようとした

布せずに「会議が終わったら渡す」と伝えました。集中力を途切れさせることなく、画面を見てもらうためです。

ドンキには社内報があります。その名も月刊『はらわた』。これはドンキの社員なら誰もが読むメディアです。

僕は毎月1ページの枠をもらって、PBの情報を社内にガンガン発信していきました。言ってみれば、選挙でマニフェストを発信するようなものです。他にも買い場に置いてもらうために、「陳列コンテスト」も開きました。

あの手この手で社内に働きかけていくと、

徐々にＰＢ商品に対する販売機運が高まっていったんです。現場のモチベーションが上がると、それに合わせて店舗での露出度も上がっていきました。

お客さまの認知度をさらに上げると同時に、内側の機運を高めるためのダメ出しならぬダメ押しをすることにしました。

それが、テレビＣＭです。

テレビＣＭを打ったら、買い場も本気になった

ドンキはそれまで、テレビＣＭを全く放映してきませんでした。ＰＢのテレビＣＭを打つなんて、ドンキ史上において、一大イベントです。

「ついにここまで来たか！」

「うちのＰＢもＣＭを打つんだ！」

「ドンキは本気だ！」

テレビＣＭを打てばお金がかかることくらい、みんなわかります。「それだけコストをか

けるなら、このチャンスを逃してはいけない」「テレビＣＭに乗っかって売り上げを伸ばそう」といった機運が、全社で一気に高まり、買い場での露出がさらに増していったのです。

するとテレビＣＭを打つ数カ月前から、情熱価格の長い商品名や驚きのニュースがメディアに取り上げられるようになりました。それに伴って、情熱価格の販売数が伸びていったのです。テレビで商品が紹介されると売り上げも伸びることを、店舗のみんなが実感するようになっていきました。

買い場担当者は、テレビＣＭに備えて特設コーナーを作り始めました。買い場の一等地に「ド」が大量に並び始めたんです。現在は買い場の一等地に情熱価格が並ぶのが当たり前になりましたが、当時はほとんど並んでいませんでした。テレビＣＭの放映をきっかけに、現場の売る気が急激に高まり、買い場が一変したんです。

ドンキ全体が一つになりました。

本部は「ＰＢ商品を前に出してください。せっかく作ったんだから」と、ずっとずっと訴えてきました。あれほど言っても言っても前に出てこなかったのに、テレビＣＭが状況を一変させる起爆剤になったのです。

いざテレビＣＭが始まると、「一気に行くぞ！」と社内の盛り上がりは最高潮に達し、情熱価格の販売数量はどんどん伸びていきました。

お客さまの「こうしてほしい」が現場を動かす

「あのテレビで見た商品、どこにあるの？」

メディア露出が増えると、店舗ではお客さまからそう聞かれまくるようになりました。それ以前は、本社が「こんな棚割にしてください」と全国の現場に指示を出しても、ほとんど変わりませんでした。それなのに、お客さまが動いたら、現場は完全に手のひらを返したように変わっていったのです。

「ＰＢを売りたいです」

「お客さまから、情熱価格のことをすごく聞かれます」

こうした声が、現場から本社に次々と上がるようになると、急にＰＢ商品の在庫が不足し始めました。

ドンキの社員たちは、上司の言うことを簡単には聞いてくれません。しかし、お客さまの言うことは一瞬で聞くんですよ。本社が「こうしてください」と言って、現場が動くのではありません。お客さまの「こうしてほしい」という声が、現場を動かすのです。本社が「やるぞ！」という機運をつくり、本社発信のモチベーティブな施策を実行しているというよりも、お客さまの「欲しい」という声が集まるから、ＰＢ商品をそろえなくてはいけないというのが現場の感覚です。

このプロセスで、それぞれの店舗、買い場、チームが自走していくのが、ドンキの風変わりなマネジメント手法です。これは、本部の指令で動く一般的なマネジメント手法とは正反対ですよね。

僕が取った手法は、現場にＰＢ商品を売るように働きかけると同時に、お客さまにアプローチするというものです。お客さまの声を巻き起こして両側から挟み込む、いわばサンドイッチ作戦です。テレビＣＭを打ったのは、あくまでもＰＢに対するお客さまの認知度を上げていくのが第一目的です。同時に、インナーブランディングの大きな契機にしようというたくらみが成功しました。

僕はリニューアル前の情熱価格にも関わっていました。いうなればＰＢで失敗してきた世代です。過去の失敗の大きな要因の一つは、携わっている人たちだけが勝手に盛り上がって、勝手に進めていたことでした。

かつては、トップダウンで役割を与えられた一部の人間だけが、何とか頑張ろうとしてＰＢ商品を売り込んでいました。だから現場は自走せず、大きなうねりにならなかったんです。これは吉田社長の考え方でもあると思いますが、情熱価格のリニューアルに際して、全社を巻き込む方法をゼロから考えていったのです。これが新旧ＰＢの大きな違いだと思います。

大切なのは組織やブランドに対する意識の全社的な醸成

宮永充晃

森谷さんと考えが同じベクトルを向いていた

ブランドの語源は牛の焼き印だと、森谷さんが第2章で触れました。しかし、広告会社がやるべきは、ブランド牛のシールをつくることだけではありません。ブランド牛のブランドを確立するには、その牛を育てるための餌をどうするのか、餌を出してくれる人たちのモチベーションをどうやって高めるのか、といったところから組み立てなければなりません。こうしたことを全て含めてブランディングです。

これは情熱価格のブランディングも同じこと。情熱価格のブランドを確立するために、どんなメンバーで、どんな会議を開き、どんな評価軸を設けるべきか、というところから始める必要があると考えました。そうしないと、何一つうまくいきません。私は森谷さんに、テレビCMや販促の話などはいっさいせず、こうしたことについて説明しました。

松下幸之助やビル・ゲイツら多くの経営者が愛読した『孫氏の兵法』には、兵士たちは一丸とならなければ、戦場に出ても勝てないという趣旨のことが記されています。大事なのは、組織やブランドに対する意識を全社的に醸成することです。組織の立て付けをはじめ、チーム自体がブランドそのものの体現者になっていくように、インナーから整えていかなければなりません。

森谷さんとは、考えが同じベクトルを向いていました。

現場を動かすには「売り込み」より「巻き込み」

ドンキには3つの「はい」がある

吉田直樹

ちょっと話は変わりますが、ここで、ユニークなドンキでの言葉遣いについて書きますね。

僕がドンキに入社してしばらくたった頃、ドンキの「はい」の意味には3つあることがわかってきました。

「イエス」の「はい」。

「わかりません」の「はい」。

「ノー」の「はい」。

この3つです。

こんなにノリのいい会社なのに、どうしてなのかなと思ったのですが、これは小売業に特有の表現なんだと思うと、合点がいきました。小売業で働く人たちは、日々、お客さまを相手にしています。お客さまに対して、いきなり「いいえ」と言わないんです。「はい」になるように努力する。だから、とりあえず「はい」と言う習慣がある。まずは相手の言うことを受け止めて、自分が言いたいことはいったん飲み込む、という仕事だからです。

ドンキの社員たちは「はいはい」とニコニコしながら言います。にもかかわらず、全然言うことを聞いてくれません。一応、僕、社長なんですけど……。

「やりましょう！」と言うのではなく、「うんうん」とうなずいているのは、基本的に反対のサインなんですね。積極的でないというのは、当社の場合、反対と同じです。いきなり相手を否定せず、まずは肯定的な言葉を口にするのは、お客さまを相手にする商売である以上、普通のことです。現場の人が常に笑顔で「はい」と言うのは、当然といえば当然なんですよね。

なので、指示を出して、しばらくたって、何も進んでない！みたいなことがよくあります。昔は、「『はい』って言ってたのに、何でやってないんだよ！」とか思ってたのですが、僕のほうもラーニングカーブが上がってきたので、まず、次回の打ち合わせの日程を決めることにして、その場をお互いの意見を戦わせる場にするようにスタイルを変えました。こちらのアイデアが本当に良ければ、進んでますし、みんな実は納得していない……ということであれば、２回目の打ち合わせのときには、それが明確にわかります（笑）。そこから始めればいい、そう思うようになってきました。

僕は僕なりに一生懸命考えていろいろ言ってるんですが、営業のことは、やはりＰＬ（損益計算書）の責任を持っている営業が最終判断をするわけです。いちいち僕の言うことを、本気で「はい」と言って突き進んでいれば、かくも長く増収増益を続けることはできなかったでしょうね。

僕自身、このドンキの「はい」に助けられたことが何度もあります。例えばなんですが、今では黒歴史……などと言われてしまうこともありますが、２０１９年に発表した新・デジタル戦略を、「マシュマロ」という名前を付けて僕自身が発信しました。でも、カナシイかな、プライシングのプロジェクトを除いて、見事に全部コケました。後から思い出すと、そういえば、このマシュマロのミーティングでも、みんな「はいはい」「うんうん」と言うだけで、誰も「やりましょう！」と言ってくれなかったですね（笑）。

僕自身、投資家や市場関係者に説明するとき、マシュマロについては自嘲して、「マシュマロは死語になりました」と説明しています（笑）。普通のカイシャのように、社長が言い出した新戦略なんだから、死にもの狂いで実現しましょう、とか突き進んでいれば、当社のデジタル戦略は一歩も進まなかったでしょうね（笑）。

みんなに助けられた、というのはそういう意味です。そんなことが山のようにあります（笑）。

ドンキではエラい人の言葉でもみんな「仮説」

安田会長は、しょっちゅう「俺の言ってることも含めて全部仮説だから」と言います。うまくいくという確信があっても仮説だと。お客さまがどう思うかは、やってみなければわかりません。売れると思った商品が本当に売れるかどうかなんて、売ってみなければわかりません。ドンキでは、どんなにエラいポジションの人の言葉であっても、それはみんな仮説なんです。

安田会長は指示しても動かないプロジェクトに対して、「やればいいのに……」とか、「何だよ、やってくれよ……」とこぼすことはあります。しかし、現場が話を聞いてくれないのは、聞いてくれないなりの理由があるというのが安田会長の考えです。買い場の社員、スタッフ、それぞれの考え、決断があって物事は決まっていくのです。

森谷は、現場を動かすには売り込むより巻き込んだほうが効果的だと気づいたんです。それは、売り込んだところで言うことを聞いてくれないからであって、かといってニンジンをぶら下げても、これまた動いてくれません。

現場の人たちを動かすのは、もっと別のものです。消費者の「買う」「買いたくなる」という行為に根ざした反応だけが、彼らを動かすのです。ＰＢ商品のビジュアルや驚きのニュースで、消費者のエモーショナルな部分に訴えかけましたが、その最後の仕上げが外側（対消費者）と内側（対社員）に打ったダメ押しのテレビＣＭだった、というワケです。

売れなかったらどうするの？が現場の本音

つまり、お客さまに主語を転換する、というのがここでも大前提になる、ということです。お客さまが良いと思ってくれないと商品は売れません。現場の担当者が仕入れるのは、お客さまが欲しいモノです。あくまでもお客さまがドライブ（原動力）になるから、現場が権限を持つのが必然なんですね。お客さま起点です。

ただ、他の商材と違って、ＰＢ商品の基本的な構図はセントラル・バイイング（本部一括の集中仕入れ）です。ＰＢ商品は、本社の「これを売ります」ありきで作られます。ところがドンキでは、一部の人材が（彼らがいかに優秀であったとしても）「こんなの作ったら売れるよ、やろうぜ」と指示しても現場は動かない。だから僕らにセントラル・バイイングは適さないんです。

効率を考えると、ＰＢは他の商品と違うから、本部が「売ってくれ」と言って、全店に売ってもらうほうが手っ取り早いですよね。でも、「じゃあ売れなかったらどうするの？」というのが現場の本音です。ＰＢは別です、というわけにはいきません。なぜなら、ＰＬの責任は、彼らが最も大切にしている権限だからです。

ＰＢを浸透させることと、ドンキの主権在現（現場への権限委譲）を両立させるのは、矛盾をはらんでます。でも、どっちが大切かと言えば、論ずるまでもなく権限委譲を貫くことのほうが、はるかに大切です。

予測不能で好き勝手、でも合理的な現場

僕自身も、どうしたもんだかな、と悩んでいましたが、あれ、これなんかに似てるな！とある時思い始めました。複雑系、というやつです。

以前、生物学や物理学、数学といった自然科学だけでなく、政治・経済のような社会科学にまで及ぶ広い分野で「複雑系」という言葉がはやりました。これは、いろいろな要素が相互に絡み合った結果、予測困難で複雑な動きや自律的な振る舞いを見せたり、一定の秩序が生まれたりするというものです。ドンキの組織は、この複雑系に近いかもしれないなと。

どう動くかわからない。

だけど、実は一定の法則がある。

本部の目で見るとみんなバラバラ、好き勝手に動いているように映りますが、お客さま視点に転換すると、ヘンテコでも何でもありません。合理的で納得できるものです。ところが、お客さまと言っても、当然、みんな同じではない。まさに、多種多様な価値観をお持ちですから、必然的に、予測困難、複雑な動き、自律的なんですね。お客さまの行動は、そもそも複雑系なんですね。

だからこそ、現場が動かないと、どんなプロジェクトも成功しない。これこそがドンキの強さの源泉なんです。

ＰＢのリニューアルを通じて、ＰＢ本部は自分たちが本気を示さないと、現場もまともに取り合わないことに改めて気が付いた。その中で生まれた方法の一つがＣＭでした。ここに答えがあったのか……と、僕たちはようやくたどり着いたんですね。

第8章

社員もバイトも「みんな好きに」やりなよ！

その数、約5000社！取引企業の多さはドンキの強さ

吉田直樹

売り込みの人はどこ？　とっても静かな「ドンキ本社ロビー」

大手小売企業の本社に行くと、活気がスゴいです。受付ロビーは、まさに千客万来。その多くが、自社商品を売り込みに来ている人たちです。大手小売企業の棚に、自社商品を置いてもらえるかどうか。これは中小メーカーにとって社運を左右する死活問題。大手小売企業で採用されて店舗の棚に並んだら、販路が一気に広がります。「1万個か、ゼロか」という大勝負です。ところが、ドンキの本社ロビーに人はあふれていません。むしろ静か（笑）。本社に売り込んだところで、各店舗の店頭に置かれるとは限らないことをわかっているから

です。時々、僕宛てにアポイントを取って、商品を紹介に来られる企業の方がいらっしゃいます。大抵の場合、どなたかのご紹介なので僕もお会いするのですが、本当に申し訳ないと毎回思います。そうです、僕には仕入れ権限がないので。

結局、担当部署の人間を紹介するだけのミーティングになるのですが、当社とお取引がない先方にしてみれば、不思議でしょうがないと思います。本書をここまで読まれた読者のみなさんなら、もう十分理解されていると思いますが、本当に、社長には仕入れに対する権限はゼロなんです！（従って、既存のお取引企業が、私宛てに来られることはほぼありません。企業同士の儀礼としてのご挨拶も、一年に1回くらいさせていただくかどうか……笑）

実際、当社には約５０００社のお取引先があります。社長や役員、あるいは本部に仕入れ権限があったとしても、約５０００社とお付き合いすることはできない。だからこそ、本部に権限が集中する大手になればなるほど、仕入れ先は少なくなってくるんですね。

でも、それは、カイシャの論理です。お客さまを起点にすれば、ドンキへの期待の大きな部分は、オモシロさです。そのためにも、現場の担当者が権限を行使し続け、たくさんのお取引先と担当者が工夫し合うことが、最も大切なんですね。

ドンキでは毎日1万件以上の課題を解決している

森谷健史

ハイエナのように他店の成功事例に食いつく

ドンキの従業員はみんな、まるでハイエナのような嗅覚で、各店舗の突出した数字を探っています。他店の成功事例をかぎつけて、すぐに取り入れるためです。そうすれば結果が出やすいとわかっているんです。どこかの店舗で売り上げが立てば、みんながそれを察知して、一気にまねします。すると同じやり方が、あっという間に全国の店舗に広がります。

他店の成功事例を知るためのツールはいくつかありますが、その代表が「ベスレポ」です。これはベストレポートの略。各店の商品の販売実績を、デイリーで確認できるツールです。

売り上げ順や利益順などで並び替えもできます。社員は、これを血眼になってチェックしています。すると、ある商品を突出して売っている店舗が目に留まります。その店舗のデータを調べると、原価や粗利率もわかります。「これくらいの値段で仕入れて、この値段で売ればもうかるぞ！」と、みんなが怒濤《どとう》のごとくまねし始めるのです。

これは僕自身が火付け役として経験しています。僕はかつて東京・秋葉原店の家電コーナーの担当者でした。当時、ナショナルブランドの15インチ液晶テレビの販売価格は４万円くらいでした。そこである会社からノンブランドの15インチ液晶テレビを安く仕入れて、「２万円切り！」と大々的にＰＯＰを掲げて、１万９９９９円で店頭の一等地に出したんです。これはほぼ原価での販売。利益はほとんどありませんでしたが飛ぶように売れました。

この取り組みがベスレポに載った途端、あっという間に全店で展開されることになりました。

700店同時に高速でPDCAを回す

アマゾンやソフトバンクは、徹底してＰＤＣＡ（計画・実行・評価・改善）を高速で回し続けているそうです。変化が激しいこの時代、ただでさえ変化のスピードが速いＩＴ業界では、ＰＤＣＡのスピードを加速しなければ置いていかれるでしょう。

ドンキでは、会社全体の組織としてというより、お客さまに近い全店舗の全担当者一人ひとりが、自分でＰＤＣＡを回しています。ただ、それぞれが自由にやっていれば、失敗もたくさん出てきます。しかし、無数の失敗の大海原から、大当たりが出てくるのです。それを引っ張り上げて全店へ広げるというのが、他の小売企業との決定的な違いです。最先端のＩＴ企業が全社で統一して回している高速ＰＤＣＡを、ドンキは７００店で同時並行的に、それぞれ勝手に回しているのです。

買い場の担当者は、来る日も来る日も担当分野の商品に触れています。その数は、１日10個や20個どころではないでしょう。１店舗20人の従業員がいるとして、それが７００店舗で繰り広げられているのです。従業員１人が１日に、少なくとも20商品のうち１つの課題を解決しているとすると、単純計算で20人×１個×７００店で、１日１万４０００件の課題を解決している、というわけです。

ドンキでは店舗の最前線で、毎日１万件以上の課題を解決しているのです。

カギは、狭くて深い権限委譲

社員もアルバイトも裁量は同じ

吉田直樹

ドンキには「メイトこそ当社の宝」という言葉があります。これは単に社員はメイトに優しく接しましょう、といった意味ではなく、それだけの裁量がメイトにも与えられている、ということなんです。

例えば、店長こそ社員ですが、他の従業員は全員メイトという店もあるんです。「個店経営」がドンキのやり方だという話は、ここまでにしてきましたが、こういう店舗では、個店経営をメイトがやっているんです。それでも、年間億単位の仕入れを自分たちでやって、しかも目標の売り上げや粗利額も達成しています。

「アルバイト（メイト）なのに、そこまでやらせていいんですか？」――。ここまで読み進めていただいた方ならおわかりかと思いますが、ドンキなら当たり前のようにやってしまいます。

これほどまでメイトに裁量を与えるのには理由があります。僕たちの発想は、その地域に住んでいたり通学したりしているメイトこそが、一番その店に来てくださるお客さまのことをわかっている、という思いです。だからこそ、異動があったり、そもそも地の利がわからなかったりする社員よりも、メイトのほうがはるかにお客さまの気持ちがわかるんです。そして、それを買い場で表現できる、というのがドンキの考え方です。

オンリーワン業態の強みを発揮するためには、圧倒的多数のメイトのヒューマンパワーが欠かせません。メイトも権限を委譲されて、自ら考えてドンキの理念である顧客最優先主義を実践しているんですね。

素朴な若者が入社後に大変身

若いうちから大きな権限を委譲されて活躍できる人材が、ドンキには何でそんなに集まるの？なんて疑問に思われるかもしれないですね。採用活動自体は特別なことはしていません。採用というよりも、偶然の出会いに近いかもしれないですね（あ、これは改善しようとしています!!・笑)。

有名大学卒や全国大会レベルのスポーツの実績といった〝看板〟を引っ提げて、鳴り物入りで入社する人も、もちろんいますよ。しかし、何年かして活躍しているのは、そうした人材ばかりではありません。むしろ、入社時にはほとんど目立たなかったような人が活躍していることが、ドンキでは珍しくないのです。

現場に権限委譲しているので、アイデア次第でいろんなことにチャレンジできますから、上昇志向のイケイケ社員ばかりのようなイメージを抱いた方がいるかもしれませんが、そんなこともありません。才《さい》気《き》煥《かん》発《ぱつ》というより、純朴な感じの人が多いですね。毎年の入社式で新入社員と話していても、特別な人材の集団という感じはなく、むしろ「大丈夫かな……」

と心配になるくらい、素朴な人たちのほうが多いです。

今の学生たちは、就活を視野に入れて、学生生活の早い時期から入念に準備しますよね。ボランティア活動に参加したり、めぼしい企業のインターンシップに参加したりします。履歴書が燦然《さんぜん》と輝いています。面接のテクニックもすごい。ただ、みんなが完璧なエントリーシートをまとめ、完璧な適性検査の結果を出し、面接で完璧な受け答えをすると、僕なんかからすれば、誰を選んだらいいのかよくわかりません。厳しい言い方をすれば、みんな優れているけど、均質な人たちに見えてしまう、ということです。

ところが、ドンキには全く就活の準備をしてこなかったような人も、結構面接に来てくれる。そういった人たちが入社後、見事に変身を遂げるんです。ドンキの社員は、ビフォー・アフターの差が極めて大きい。ビックリするくらい変わるんですよ。

だから、正直、すごいエントリーシートは必要ないので、素の自分で来てほしいです。ぜひ、ご応募ください（笑）。学歴とか経歴とか、そんなことはドンキでは関係ありません。「今までの自分に大して誇るところがなくても、ドンキという舞台に立って、これから、一緒に輝いてほしい」――。僕はこの言葉を、創業会長から何度も聞きました。

残念ながら、ドンキは就職先の人気企業ランキングの上位には入っていません（これも改善する決意です・笑）。そんなドンキを受けてくれる、学生たちの志望動機は何かといえば、やはり「ドンキが好き」「ドンキは面白そう」「何だか楽しそう」といったものが多いんですね。選考プロセスでドンキを深く知るにつれて、「全部任せてもらえるんですか？　面白そうですね」と、前のめりになる学生が出てきます。みなさんもいかがでしょうか？（笑）

そして、入社後に活躍している社員たちに話を聞くと、権限委譲に魅力を感じたから入社した、という人たちが圧倒的に多いですね。

プロセスをコントロールしないのが権限委譲

10年以上前のことですが、部下だったある部署の新任部長に、事細かく指示をしてから数日後のこと。安田会長から、その指示についてお叱りの電話がかかってきました。部長に指導したことの何が悪いのかなあと思いつつ、「会長、僕はちゃんと指示していますよ」と言い返しました。すると「権限委譲の定義とは？」と、思わぬ質問が安田会長からきました。

うなりながら僕なりに説明しましたが、ことごとく「違うよ」と否定されました。しばらく問答が続いた後、安田会長から「権限委譲とは、プロセスコントロールをしないこと、以上！」という「正解」が僕に告げられ、電話での会話は終わりました。

そのときですね。ドンキのすさまじさを初めて感じたのは。

そういえば、僕も完全に任せてもらっていたよなあ。失敗しても失敗しても、チャンスも《好き勝手やらせ》らってたよな《てもらってたよな》。これか、ドンキの権限委譲とは……。

僕のほうこそトンチンカンでした。多くの機会を与えられたからこそ成長してきたのに……と、申し訳ない気持ちでいっぱいになりました。

その部長には、良かれと思って口を出しました。上司として、当然そうしなければならないという思いすらありました。しかし、それがいけないと指摘されたんですね。ドンキ流の権限委譲は、プロセスすらコントロールしてはいけなかったのです。というか、むしろプロセスをコントロールしないから権限委譲が成立するという考え方です。

これまで権限委譲についてたくさん触れてきましたが、ドンキは現場の人たちへの指示をサボっているのではありません。あえて丸投げしています。むしろドンキでは、丸投げしないマネジャーは全く評価されないのです。

狭くて深いから機能する

なぜ、ドンキでは権限委譲がうまく機能するのでしょうか？　権限委譲の名の下に上司から仕事を丸投げされて、ほったらかしにされたら、失敗だらけになるし、社員はつらいだけですよね。

実は任せ方に〝コツ〟があるのです。それは「狭く深く任せる」ということ。ドンキは丸投げしますが、全てを任せるのではありません。「あなたは、ここをお願いします」という「ここ」を極めて明確にします。例えば店舗現場なら「家電コーナー」といったように。

よく「自分で考えて行動しろ」「指示待ち人間はいらない」などといわれますよね。ところが、いざ行動すると「勝手なことをするな。それは上司が決めることだ」「相談してからやれ」と、怒られた経験はないでしょうか？　こうしたことが起こるのは、自分で考えて行動する範囲が不明瞭、あるいは広過ぎるのが主な原因ではないかと思います。

さらに、決められた範囲についてはどこまでも深く任せます。もし、権限の範囲が「広く浅く」になると、任された人以外の多くの人もプロセスに関わることになります。そうなると、「どこまで自分で決められるの？」「それはあなたの権限ではないでしょ？」といったことが起こりかねません。

「狭くて深い」からこそ、権限委譲が機能するのです。

誰もが語るコーナー責任者になる喜び

30代くらいの社員に話を聞くと、ほとんどが「担当になったときの喜び」を語ります。「担当」とは、各店舗の家電コーナーや食品コーナーの責任者のこと。そのときの感動を、忘れられない人が多いんですね。

ドンキでは、新卒で入社して店舗に配属されると、最初に就くのは買い場の２番手か３番手のポジション。直属の上司が担当、つまり責任者です。担当の下に付いて、担当が自由にやっているのを間近で見ます。担当の仕事ぶりを見ながら、「こうしたほうがいいのに」「自分ならこうしたいな」という思いが、ふつふつと湧いてくるそうです。

配属先の人員配置の状況などにもよりますが、入社1年目で担当に昇格する人もいれば、2年たって上がる人もいます。昇格時期に差はありますが、担当になるのに2年かかったからといって活躍できないかといったら、全くそんなことはありません。

担当になって手に入れるのは、「自分ならこうするのに」というモヤモヤを全て吐き出せちゃうフィールド。だから面白いんです。ところが、担当になったからといって、すぐにうまくいくわけではありません。むしろ、思い通りにならないことのほうが多い。

社員たちにとっての原体験は、初めて〝権限〟を手にする、この担当昇格です。若いうちに突然全てを任され、商売の面白さと厳しさの物語が始まるんです。

権限委譲は「打ち出の小づち」ではありません

「あなたは今から無人島に放り込まれます」

森谷健史

僕は役員として、中途採用の最終面接を担当することがあります。そのときに必ず応募者にお伝えすることがあります。それは次のような内容です。

「ドンキは権限委譲や実力主義を大々的に打ち出しています。ドンキでは、本当に権限委譲され、丸投げされます。でも、打ち出の小づちを会社が用意してくれて、それを自由に使える権利を持てるわけではありません。例えるなら、あなたは今から無人島に放り込まれます。

船を作って島を出てもいいし、作物を栽培してもいいし、狩りをして獲物を得てもいい。そのドンキという島を使って、会社に貢献してください。自分で調べて、何をすべきかを考えて、自分で仕事をつくっていかなければならない、と認識してください。情熱を持って、目標を決めて、周囲を巻き込んでいけば何だってやれる。僕はそういう意味で、ドンキは自由裁量権がある唯一の会社だと思っています」

ある社員は、大学で文系の学部を卒業して総合職採用で入社したのに、なぜかデザイン職としてデザイン部に配属されたそうです。その人は、デザインなんてやったことがありません。完全に人事サイドの〝手違い〟でした。

ところがその社員は、デザインのことなんて右も左もわからないのに、自分で仕事を見つけて前進していきました。無人島に例えましたが、実際は周りがきちんとサポートしてくれます。その社員は、いつしかデザイン部門で活躍する人材に成長していったんです。

「ドンキという場を利用してやるぞ！」「ここで好き勝手遊んでやるぞ！」という思いを原動力に、入社後に大変身を遂げる人材が次々と生まれているんです。

誰も言うことを聞いてくれないという洗礼

僕の場合、新卒で入社して、初めて担当者として配属されたのが、東京の小平店でした。たまたま入社2カ月半で、家電コーナーの担当になりましたが、まだレジもまともに打てない状態でした。

家電コーナーで僕の次に社歴が短いのが、5カ月目のメイトさん（アルバイト）の大学生でした。そのメイトさんよりも短い社歴で、いきなり買い場の責任者になったんです。最初の半年くらいは地獄を見ました（笑）。もがき苦しみました。

買い場で僕が一番何も知らないのに、いきなり一番権限を持ったんです。シフト管理もやらされますが、どうやったらいいかわからない。誰が何曜日に入っているかすらわからない。しかし、わからないなりに、やるしかありませんでした。

小平店には10年以上働いているような、重鎮みたいなメイトさんが何人もいました。当時の幹部社員が駆け出しのころに、現場で一緒に働いていたというような人たちだったんです。すごかったですよ、圧が（笑）。「この新人は全然仕事ができない」という感じで見られていました。

僕は最初、自分のマンパワーで乗り切ろうとしました。倉庫の整理や商品の返品なども、一生懸命自分でやったんです。メイトさんへの仕事の振り方がわからず、もう、どっちが上司なのかわからない状態でした。このときは悔しかったですね。でも、メイトさんと正面からぶつかったところで、協力してもらえなくなるだけ。「シフトに入らない」と言われたら、業務が回りません。

思案した末に「連絡ノート」を使い始めました。小平店は深夜3時まで営業していて、早番と遅番の接点があまりありませんでした。この早番と遅番をつなぐのが連絡ノートです。しかし、僕が連絡ノートに「早番にはこれをしてください」と書いても、最初のころは全くやってくれませんでした。完全スルーです。

業務連絡だと見てもらえないと思った僕は、メイトさんを褒めることにしました。「あなたがやったこの仕事、めちゃくちゃいいですね。助かりました」といったことを、ひたすら毎日書くようにしたんです。

褒められて嫌な気になる人はいませんよね。メイトさんが徐々に僕の話を聞いてくれるようになったので、「ここ、めちゃくちゃ良くなりましたよね」と声を掛けるようにしました。すると、みんなの動きが少しずつ良くなっていったんです。これが担当になって6カ月後くらいのことでした。

一生忘れられない買い場担当の物語

僕は責任者として、自分にできることが何かないか、自分なりに模索し続けていました。みんなと話していると、それぞれ働く動機が異なることが見えてきました。お金が欲しい人もいれば、お金よりも仕事のやりがいを求めている人もいました。一人ひとりの話を聞いて、「この人にはコレが効く」という処方箋を考えていったんです。

最も手ごわかったメイトさんには、時給に気を配ってみました。権限委譲ですから、買い場担当は店長と交渉してメイトさんの時給も決められるのです。「ここまでやったら時給を上げます」と伝えると、急に機敏に動き始めたんです。実際に時給を少し上げたら、そのメイトさんは「あなたに付いていきます」みたいな感じになっていきました（笑）。

古株のコアなメンバーが私のほうを向いてくれるようになると、みんな見違えるように動き始めました。僕は担当になって6カ月で激痩せしましたが、さらに3カ月後にはブクブクに太っていました。チームを組成できて、自分が動かなくても周りを動かせるようになったので、僕はインカムで指示を出して、本来すべき自分の仕事に集中できるようになったからです。チーム力が上がったことで数字も大きく伸びていったんです。

これは僕だけが経験した、特別なストーリーではありません。多くのドンキ担当者が、同じ道を通ってきていると思います。

当時、同じ店舗で一緒に働いていた社員たちからは、「こうしたほうがいいんじゃないか」「メイトさんとこういうふうに接したらいいんじゃないか」と、アドバイスをもらっていました。あのときのメンバーとは、今でも8時間くらい当時のことをしゃべれるんじゃないですかね（笑）。それくらい、思い出が詰まっています。

これからも好き勝手に。それが僕の一番の望み

買い物は全て消費者が主導権を握り、自分で決められる数少ない行動

吉田直樹

消費者の行動決定の基準は、曖昧というか、様々な要素があり、必ずしも経済合理性だけで決定されるわけではありません。このため、理論はいろいろありますが（価格決定理論、商圏分析、など）、その理論通りにはいきません。

お客さまがレジに並んでいるときに、直前の棚に置いてあるお菓子とか、電池とか、リップクリームとかをカゴに入れてしまうという経験のある人はいるんじゃないでしょうか。元々

買おうとしたわけではないものを買ってしまうわけですが、これも、狙って売りたいものをレジ前に置いても、お客さまが全然買ってくれないということもあるわけで、何か絶対の法則があるわけではありません。僕たちもいろいろ失敗をしていて、例えば、オープン特価で電気ケトルを99円で売り出したところ（もちろん赤字です）、全く売れず、５００円にしたところ、即完売、ということになりました。不信感を呼ぶような価格設定が、マイナスに働きました。ある人気キャラクターの売り上げが好調なため、乾電池をそのキャラクターを使用したものにしたのですが、さっぱり売れませんでした、なんてこともありました。

自分で決めたい、というのは人間の本能の一つだと思います。しかし、人生で、全部を自分で決めることなんてできません。むしろ、自分で決めることのできないことのほうが多い。そうした中で、「買い物」というのは極めて自由度の高い行動です。

「今日のおかずはどうしようかな？」というのは、予算という制約はありますが、とても自由ですね。買い物は、個人が自由な意思決定のできる行為です。だからこそ、同一条件の下では同一の結果が得られる、サイエンスなんかではないとも言えます。

どういうモノを売ればいいのか、どういう値段にすればいいのかという尺度は、一定程度はあります。そのために、マーケティングを行います。同じ商圏の中で、ライバル店には負けられないといった事情もあります。しかし、消費者が本当に合理的に考えて行動しているかというと、そんなことはありません。だからこそ、毎日の雰囲気や空気といった曖昧なものを、商品や値づけ、棚、ポイント施策といったものに反映させていく必要があるんです。

森谷は家電コーナーの担当でしたが、ドンキの社員は買い場の担当者になったら、いろいろ考えます。今ならインターネットがあるので、市場でどんなものが売れているのかを調べるのが、かつてよりも簡単になりました。

買い場担当者は、自分がどうやったらうまくいったのか、どうやったらうまくいかなかったのかについて、体験的に学んでいきます。そうやって、一人ひとりが自分のポートフォリオをつくっていくんです。すると、徐々にお客さまの曖昧で気まぐれな行動に近づいていくことができるんだと思います。

消費者と向き合う小売業は、最終的なファインチューニング（微調整）が極めて重要なんです。

失敗から学べることが権限委譲の優れた点

ここで先ほどの話につながります。初めて買い場の担当者になったとき、失敗すると思って仕事する人なんて一人もいません。「こうすればお客さまに喜ばれる」「こうすれば売れる」と、良かれと思っていろんな手を打ちます。しかし、それでも失敗します。失敗せずにヒット連発、なんてそう簡単にはいきません。

お客さまの消費行動の曖昧さや「わからなさ」を受容するには、失敗するしかありません。自分で挑戦して、体験して、失敗するしかないんですよ。

そして、当社の場合、前へ進むには、自分の失敗を自分で取り戻すしかありません。権限委譲というドンキのやり方の優れているところがあるとすれば、毎回自分で失敗して、お客さまを失望させてしまった中から学べる点です。

先ほど触れたように、ドンキでは毎日1万件以上の課題が解決されています。つまり、それだけ数多くの失敗があるということ。それでもドンキの経営がビクともしないのは、一つ一つの失敗が極めて限定的なものだからです。「この買い場で売れませんでした」といっても、当社の屋台骨に影響がある、という失敗にはなりません。もちろん、会社のダメージはゼロではありません。しかし、そのダメージは、言ってみれば700店分の1です。

もっとも、人は失敗だけでなく、成功体験からも学びます（普通は逆で言うかもしれませんが、僕の感覚だと、こう）。しかし、成功が過半数を占める人生なんて、あるでしょうか？僕もそうですが、失敗が過半数を占める人が大半。ドンキでは、失敗のリスクを取ってくれて構わない、ということなんですね。

権限委譲がリスクを分散させる

これが全社的に商品を仕入れて、全店舗で大々的に展開するセントラル・バイイングだったら、全員が成功するか全員が失敗するかということになります。失敗したとき「売れませんでした」では済まないでしょう。だからこそ、扱う商品は最大公約数的でなければならない、とも言えます。それはそれで正解だと思います。ただ、それは僕たちの目指す方向ではないんですね。

権限委譲をここまで突き詰めるのは、危なっかしく見えるかもしれませんが、僕たちはそう思っていません。ある種、リスクを分散させる最強のセーフティーネットになっているんです。けれどそれは、お互いが切磋琢磨《せっさたくま》し、かつ、圧倒的多数が参加しなければ机上の空論になります。競争をするからリスクが減り、リターンも上がるんです。

競争意識が希薄だと、リスクは高くなりますし、リターンは確実に下がります。なぜかといえば、競争意識がないと、結果に対するこだわりが減り、失敗でも成功でもどっちでもいいや、となってしまうため、失敗の確率が増える。つまりリスクが増すんですね。また、このゲームが少数の人だけしか参加できないようだと、同じ論理で、失敗の確率が増えてリスクが増します。

つまり、中途半端に権限委譲が実行されるとリスクは増大するので、権限委譲はより突き詰めなければならない、と僕たちは考えるんですね。狭く権限の範囲をしっかり定義し、誰よりも強い成果を目指していく、という権限委譲だからこそ、権限委譲が成り立つということですね。

「言うことを聞かない」のが大前提

これまで繰り返し述べてきたように、ドンキの社員たちはお客さまの言うことは聞いても、本社の言うことは聞いてくれません。社長の僕の言うことだって、聞いているんだか聞いていないんだか……。あ、あんまり聞いてくれませんね（笑）。

言うことを聞かないなら言うことを聞かせる、というのが一般的なカイシャのやり方ですよね。しかし、ドンキでは言うことを聞かないのが大前提。これは昔からずっと変わりません。

ところが、ＰＢには厄介な矛盾があります。ＰＢ商品は一般的に言って、最低でも５０００個くらい作らないと採算が合わない。生産するための設備を整えなければならないからです。手っ取り早いのは、トップダウンで進めることです。本部が現場に「売れ！」と指示することです（しつこいようですが、「理論上は」という意味です・笑）。

しかし、ドンキの場合はそうはいきません。ドンキは現場を巻き込まなければなりません。巻き込むとは、現場の賛同を得るということです。これはＰＢの話に限らず、トップマネジメントでも同じです。

自分自身の17年のドンキ人生も、考えてみたらその通りでした。誰にも言われていないのに進めた《好き勝手に進めちゃった》プロジェクトは数知れずあります。僕は、資金調達の仕事に長年携わっていたのですが、せっせと借り入れを増やし、2023年には、有利子負債が5000億円以上にもなってしまいました。もちろん、借り入れを起こすのには理由があるわけですが、それにしても5000億円とは……。

その借り入れの一番大きなものは、2019年のユニー買収に関するものでしたが、本当に数人でチームを作って、資金調達、相手方との交渉、買収の実務まで全てを行いました。

集合知の実践をドンキでは「競争」と呼ぶ

これがドンキなんです。自分で考え、会社や上司と明確なゴールを決めて、最小限のルールに合意して、時間内にゴールを達成するため大幅な自由裁量権を得て、全力を尽くすというゲーム。

一方、これは少数の人がそうすればいいということではなく、前述したように、社内の圧倒的多数が参加しなければ成り立たないゲームでもあります。だから、上の言うことを聞いて行動する、という従来的な組織からすれば、あり得ないんでしょうね。

そして、だからこそ、現場が進化する。現場の進化こそが、成長の源泉。従来モデルを覆す発見や発明は、顧客接点の現場から生まれてくる。今ふうに言えば、集合知の実践。ただし、当社では、それを「競争」と呼んでいるわけです。前述したカラーコンタクトレンズやつけまつげなど、当社が圧倒的シェアを持っている商品は、全て例外なく、そのパターンで成長してきています。

つまり、ドンキの好き勝手は〝確信犯〟なんです。

一方、経営陣のそういう思いって、社内のみんなは本当のところ、どう思っているのかなあという気持ちがあったので、Yahoo!ファイナンスのコメントにこう書いてもらったのを見つけたときは、むちゃくちゃうれしかったです。

〝面白いことやってるか？失敗してもいいから面白いことどんどんやらないとダメだよって社長から言われるって社員が話してた。時価総額でかいのにすげーわ。と思って応援。〟

ここに書かれている発言は、実際に僕が社員に話している内容です。それを従業員の人が覚えていてくれた。それが周囲の人たちにも響いてくれてるんだなあ、と感慨深かったです。

これからも従業員のみんなには、好き勝手にやってもらえたらと。社長としての僕が一番望んでることが、それですね。

＊＊＊＊＊＊＊＊＊＊＊＊

さて、長々と、まさに好き勝手に書かせていただきましたが、本書も最終コーナーを回りました。ここで、本書のタイトルに寄せた僕の思いを明かしますね。

「好き勝手」というのは、とても楽しい語感、あるいはちょっとわがままな語感があります。社会人としていかがなものなのか？という語感でもあります。なんですが、僕はこのドンキの好き勝手はそういうものではないと思っています。

僕が考えるドンキの好き勝手とは、権限委譲のコインの裏側です。この本で書いたように、権限委譲とは、会社と権限委譲された従業員との間の契約です。ですから、権限委譲された従業員の行動は「好き勝手」なように見えているかもしれませんが、その「好き勝手」を担保するのは、権限委譲をし、従業員にその権限を託したマネジメントの覚悟です。従業員をどれだけ信頼し、権限を託すことができるかという覚悟です。

例えば、プロセスコントロールをしないのも、権限委譲した以上、お互いに定めた時間の中では、好き勝手にさせなければならないからです。上司たるもの、部下の行動にハラハラドキドキしていてはいけない（結構、しますが……笑）。腹をくくって、部下を信じ、部下に好き勝手にやらせ、その結果を、泰然とした気持ちで待たなければならない（あ、当社の場合です・笑）。

一方、権限委譲を受けた部下も、好き勝手は決して楽しいばかりではなく、むしろ孤独な闘いです。何せ、自分で全部決めなくてはならないのですから。

『ドンキはみんなが好き勝手に働いたら2兆円企業になりました』……という、まあ控えめに言ってもふざけたタイトルにさせていただきましたが、そういうことでございますので（笑）。ドンキの「好き勝手」は、信じるところがあって実行しているし、ましてご迷惑をおかけする好き勝手ではない、ということでご理解いただければ幸いです。

信頼の対価として与えられた権限を、存分に「好き勝手」に行使するという、楽しいけれど孤独な闘いの先には、その孤独に耐えた者だけに与えられる、突き抜けた商売の面白さが待っていると僕たちは信じています。なぜなら、それは孤独な闘いであっても、お客さまという世の中で一番公正な審判が、その闘いを評価してくれるからです。当社の企業原理、「顧客最優先主義」という言葉には、お客さまへの、揺るぎない僕たちの思いが込められているんですね。

これからも、社員や従業員が「好き勝手」にやってもらえてなんぼのもん、という覚悟を持って、唯一無二の小売業を僕たちは目指してまいります。

おわりに

ブランドとは？その答えが「ドンキ」と「情熱価格」

私が「ドン・キホーテ」を担当して一番驚いたのは、物事が決まるスピード感と実行力でした。各事業責任者が大きな決裁権を持って、やると決めたらやり切るのです。そのベースにはドンキならではの人材力があると思います。ご一緒した森谷役員は、まさに「好き勝手」にやっている感じでして、端で見ていても吉田社長が「もうそこまで進んでるの？」と驚かれている場面も多々ありました。それで売上高２兆円を超えてしまうのですから、ドンキの人たちのすごさがわかっていただけると思います。

幹部の方々にそうした文化が根づいているので、社員の人たちも、好きなことを／自分がやりたいように動き回ることで、成果を上げるのが当たり前という良い雰囲気になっています。空気を読んで中庸を求める集団ではなく、「目標に向けて、一人ひとりが自律しており、戦う集団」になっているすごみを感じました。ドンキは外部企業の手を借りず、ほとんど自前でやってきてここまで成長しましたが、それも納得です。かなりの〝戦闘力〟を社員一人ひとりが持っていました。

森谷役員が博報堂の営業担当者に「情熱価格」のリブランディングを打診したとき、「僕らが言ったことに何でも『イエス』と答えるような人は、絶対に連れて来ないでください」と話したことを、本書でも触れています。私がもし、みなさんが想像するような〝いかにも広告会社っぽい提案〟をしていたら、多分、一発退場だったでしょう。

博報堂という看板が何らかの影響力を持つとすれば、それはせいぜい最初の名刺交換まで。そこから先は、裸一貫でぶつかるしかありません。結局、すごいのはクライアント自身であるといつも思っています。自分たちで商品を作って、店舗や工場の固定費を払って、リスクを負って、責任を持つのは、全部クライアントです。

それに比べれば、私なんて好き勝手にマーケティングやクリエイティブを語る論客のようなモノです（もちろん、責任を持って発言しています！）。さらに言えば〝居酒屋〟でたまたま隣に座った、少し気の利いた話をする兄ちゃんみたいなものです（笑）。飲み屋で意気投合した兄ちゃんが「はい、そうですね。その通りです！」とばかり言っていたら、こりゃ全くオモシロクない。「この人、自分たちが気づかなかった面白いことを、いろいろ言ってくれるな」と思ってもらわないと意味がありません。

だからこそ、私自身も「ブランディング」を進めるという中で、本当に必要となることを好き勝手に議論させてもらいました。

その議論の中で、「ブランディング」とは、目に見える部分だけを整えることだけをやっていてはダメで、商品開発の会議体をどうするのか、お客さまの声を商品リニューアルにどう生かしてくのか、といったところまで含め、ブランドが持続し、成長するためのエコシステムを創ることこそ、「ブランディング」における「要」だという結論に行き着き、今の「情熱価格」が存在していると思います。

情熱価格のプロジェクトでは、「ブランディング」を突き詰めることができていると思います。ドンキの仕事はめちゃくちゃ楽しいですね。〝よそ者〟の私だって、普通じゃやれないよう

なことに携われているのですから。

とはいうものの、博報堂の人間が好き勝手に言ったことに対して、最初は社員の方々からの反発もありました。ほとんどケンカです（笑）。変な話、ドンキの社内から「博報堂なんて外せ！」という声が上がってもおかしくないでしょう。

それでも「まあ、1回やってみようじゃないか」と信じて、私たちの考えや手法を受け入れてくれたドンキの社員の方々には、心の底から感謝しかありません。

とはいえ、ブランドというモノは、長く続いてこそのブランドであり、短いブームで終わってしまっては意味がありません。そのブランドに携わる「チームそのものの鮮度をいかに維持するか？」も、とても重要です。

「年を重ねれば重ねるほど、決断する力は高まるが、社会を感じ取る力は落ちていく」――。

これが私の持論です。社会の風に敏感になり、鮮度を保ってプランニングして、クライアントの事業を成功へ導くのがクリエイティブディレクターの役割ですが、その鮮度は永遠ではありません。年を重ねれば、社会の風に対する感覚が鈍ってしまう（その分、良い経験が積まれ、良い決断ができるようにはなります)。いつまでも若い感覚でプランニングをしていては、いけないと思います。自分の感覚が新鮮だと固執してしまえば、生活者に受け入れられるモノを送り出すことはできません。

「鮮度」の観点からも、明確な年数はありませんが、かなり長い時間、同じクライアントを担当し続けるのが、本当に相手のためになるのだろうかと、私は常々自問自答しています。だから私は今、ドンキの様々なプロジェクトのリーダーに博報堂の若い才能を抜てきし、彼らの成長を促すようにしています。クライアント自体の鮮度が古くなって、成長が鈍化してしまわないようにするためです。これもまた、ブランドに対するエコシステムづくりの一環と言えます。

とはいえ、私自身の鮮度が落ちないように努力はしています(笑)。

博報堂にとって、ドンキとは初めてのお取引でした。しかし、私は当初からめちゃくちゃ力を入れるつもりでした。というのも、店頭を舞台にしたリテールには可能性があふれているからです。生活者が商品の情報を最初に知るのが広告ではなく、店頭で目にしてというこ

とが普通にあり得る今日、広告の新しい役割が切り開けるのではないかと考えています。

もっと打ち明けると、この仕事を引き受けるに当たり、私は「ドンキをこうやって伸ばしていきたい」という自分なりの青写真を（好き勝手に）描きました。私が描いた未来像と、ドンキが目指すものがシンクロしたからか、良いプロジェクトになっていると感じます。

最後に、ドンキとの仕事は、私自身にも大きな影響がありました。

「ブランドとはどういうものか？」

私が今後、このテーマを人に語る機会があるなら、間違いなく最初に挙げるのは、ドンキです。

「ブランドとは何か？」

その一つの答えが「ドンキ」であり、「情熱価格」です。

株式会社 博報堂

クリエイティブディレクター　宮永充晃

謝辞

　最後になりましたが、本書は、２０２３年9月18日号の日経ビジネスの巻頭特集「進撃のドンキ」をベースにして、先ごろ日経ＢＰさんより出版された酒井大輔さん著の『進撃のドンキ　知られざる巨大企業の深淵なる経営』の姉妹本という位置づけとして企画されたものです。酒井さんは、日経ビジネスの記者として、ものすごい量の取材をしていただき、その結果、リアリティーをもって当社のことを書いていただき、素晴らしいビジネス書が出版され、感謝でいっぱいです。

　その、素晴らしいビジネス書の姉妹書が本書になるわけですが、著者の一人として、日経ＢＰの本書担当者である酒井康治さん（同じ酒井ですが別の方です）には、本当にワガママを聞いていただき、感謝なのかお詫びなのかわからない気持ちでいっぱいです。格調高く文章を整えていただきながら、若い方に読んでもらえる本にしたいと、「笑」だらけの文章に戻してしまったにもかかわらず、本書が、日経ＢＰさんから無事出版できたことに対してです……（笑）。

酒井さんをはじめとした日経ＢＰの編集チームのみなさん、博報堂の宮永さん、本書をドンキらしい装丁に仕上げてくださった博報堂のデザインチームのみなさんに心より感謝申し上げます。

そして大切な同僚である森谷、ありがとう。締め切りの概念が薄い僕に、お尻をタタキ続けてくれた広報室の鎌田、鈴木、社長室の松野にも感謝しています。

We are proud to be different!

(なんで英語やねん、と言われそうですが……笑。それは置いときまして、僕たちは「変わっている」ことを誇りに思ってます！)

株式会社パン・パシフィック・インターナショナルホールディングス

代表取締役社長ＣＥＯ　吉田直樹

著者略歴

吉田直樹（よしだ・なおき）

PPIH　代表取締役社長CEO

1964年大阪市生れ。88年国際基督教大学卒業。95年フランスINSEADでMBA取得後、マッキンゼー入社。2007年PPIHに入社。海外事業本部長兼米国子会社社長。12年取締役、13年専務取締役、15年専務取締役兼CCO（最高コンプライアンス責任者）。18年に代表取締役専務兼CAO(最高管理責任者)となり、19年から代表取締役社長CEO。

森谷健史（もりたに・たけし）

PPIH　上席執行役員　PB事業統括責任者　マーケティング戦略 管掌

2005年4月、株式会社ドン・キホーテ入社。入社後は、第1事業部（家電部門）店舗担当者新宿店に配属。その後、エリア担当を経て生活家電部門責任者を担当。生活家電部門において商品開発を経験したことをきっかけに、PB推進部の家電責任者として多くのPB商品の開発を手掛ける。17年からはデジタル戦略責任者としてアプリ開発に携わる。19年にPB事業戦略本部本部長に就任、「情熱価格」のリニューアルを行う。誰よりも楽しむことをモットーに、仕事が労働にならないよう率先して楽しむことを心掛けている。

宮永充晃（みやなが・みつあき）

博報堂　クリエイティブディレクター / クリエイティブ局 部長 / YOKI リーダー

2012年博報堂入社。博報堂DYメディアパートナーズに出向し通販クライアントを担当。その後、マーケティング部門に異動し、コミュニケーション戦略・商品開発・事業戦略・中期経営計画策定を担当。現在はクリエイティブ部門に属し、複数領域を統合的にプラニング。

日経クロストレンド

「マーケティングがわかる　消費が見える」を編集コンセプトとするオンラインビジネスメディア。顧客相手のビジネスを展開している限り、携わる全ての人が「マーケター」です。顧客に寄り添い、課題を解決するヒントを探るべく、日経クロストレンドでは、マーケターのためのデジタル戦略、消費者分析、未来予測など、多彩なテーマの記事を平日毎日お届けします。また、第一線で活躍するマーケターを招いた各種セミナーイベントも定期的に開催。あらゆるマーケティング活動やイノベーション活動を支援します。
https://xtrend.nikkei.com/

ドンキはみんなが好き勝手に働いたら2兆円企業になりました

2024年9月2日　第1版第1刷発行

著　者　吉田直樹
　　　　森谷健史
　　　　宮永充晃
発行者　佐藤央明
発　行　株式会社日経BP
発　売　株式会社日経BPマーケティング
　　　　〒105-8308　東京都港区虎ノ門4-3-12
編集協力　山口慎治
企画協力　潮凪洋介（HEARTLAND Inc.）
編　集　酒井康治（日経クロストレンド）
装　丁　児嶋啓多・若田勇輔（博報堂）
　　　　中川英祐（Tripleline）
制　作　關根和彦（QuomodoDESIGN）
印刷・製本　大日本印刷株式会社

ISBN　978-4-296-20583-7
Printed in Japan

情熱
価格